인사조직 들어가기

최중락

사랑하는 아내, 인희에게…

최중락(崔中洛)

위너스경영아카데미 경영학 전임강사
공단기(노무사단기) 경영학 전임강사

[학력]

서울대학교 경영대학 경영학과 (경영학사)
서울대학교 대학원 경영학과 (경영학석사)
서울대학교 대학원 박사과정

[경력]

서울대학교 노사관계연구소 연구원
현대경제연구원 컨설팅본부 연구원
합격의 법학원 경영학 전임강사
베리타스법학원 경영학 전임강사
삼성그룹 인사관리론 강사
LG인화원 경영학개론, 인사관리론, 경영조직론 강사
SK텔레콤 인사관리론, 경영조직론 강사
롯데그룹 경영학개론, 인사관리론 강사
삼성물산, 한화생명 등 다수 기업체 특강

[저서]

인사조직 들어가기 (상경사)
공인회계사 경영학 기본강의 (상경사)
경영학 기출실록 (상경사)
국가시험 경영학 기본강의 (상경사)
국가시험 경영학 최종정리 (상경사)
경영조직 기본강의 (상경사)
경영조직 핵심강의 (상경사)
인사관리 기본강의 (상경사)
인사관리 핵심강의 (상경사)
경영학 강의 (샘앤북스)
경영학 연습 (샘앤북스)
2016 인사관리연습 (샘앤북스)
2016 경영조직연습 (샘앤북스)
경영조직에센스 (샘앤북스)
인사관리에센스 (샘앤북스)
경영학 객관식 700제 (훈민정음)

인사조직 들어가기

지은이 최중락

2016년 8월 10일 1판 1쇄 펴냄

펴낸곳 상경사
펴낸이 김희철
재무이사 반경희
영업 · 마케팅 김병훈 · 김희은
편집 · 북디자인 성진우 · 배정영 · 임경순 · 김희준
경영지원 배정민

등록일 1988년 6월 27일
등록번호 제 1-753 호

서울특별시 서초구 양재2동 379-1 · 우편번호 137-898
전화 02-577-3835, 팩스 02-573-2240, http://www.skbooks.co.kr

- ISBN 979-11-86112-63-2 93320
- 「이 도서의 국립중앙도서관 **출판시도서목록(CIP)**은 서지정보유통지원시스템 홈페이지(http://seoji.nl.go.kr)와 국가자료공동목록시스템(http://www.nl.go.kr/kolisnet)에서 이용하실 수 있습니다.(CIP제어번호: CIP2016018371)」
- 값은 표지 뒷면에 있습니다.
- 파본은 구입하신 서점에서 교환해드립니다.

사진&일러스트 판권 및 출처

5 @ MF / Dollar Photo Club
7 chillingcompetition.com/2009/10/13/nobel-prize-ineconomics-for-oliver-williamson
16 http://postfiles11.naver.net/20160224_122
18 http://www.siop.org/tip/backissues/TipJuly00
20 http://www.danielgoleman.info/topics/emotional-intelligence/
kelompok3telu.wordpress.com
21 www.psychology.uwo.ca/people/faculty/profiles/meyer.html
23 www.grand-illusions.com/opticalillusions/woman
25 https://upload.wikimedia.org/wikipedia/en/thumb/e/e0
27 news.stanford.edu/thedish/2015/01/14/albert-bandurareceives-one-of-canadas-highest-civilian-honors
28 http://www.angelfire.com/ab8/motivation
32 https://live3.namuwikiusercontent.com
33 www.toolshero.com/toolsheroes/bruce-tuckman
35 http://www.itworld.co.kr/t/54652/%EB%B8%8C%EB%9D%BC%EC%9A%B0%EC%A0%80/84823
39 jwdesignteam.com/mental-apparati/2015/4/21/what-isgoal-setting-theory
www.wikiberal.org/wiki/Herbert_A._Simon
40 http://www.geocities.ws/oralcompgroupthink
41 http://www.koreatimes.com/photos/LosAngeles/20030201
43 http://seanheritage.com/blog/leadership-and-followership
44 http://www.toolshero.com/toolsheroes/robert-blake
46 leaderchat.org/2011/04/20/ken-blanchard-webinar-andonline-chat-healing-the-wounded-organization
48 leadershipconsultinginaction.wordpress.com
www.foundationpsp.org/fiedler.php
49 http://www.cls.binghamton.edu
52 en.wikipedia.org
54 galleryhip.com
57 http://www.speakersbulgaria.com/2009/09/09/jay-galbraith-change-speaker
59 http://alchetron.com/Elton-Mayo-1252134-W#-
www.geneseo.edu/?bearden/socl212/Hawthorne_Experiments.html
60 www.personalbrandingblog.com/personal-brandinginterview-jeffrey-pfeffer
61 http://www.inhanews.com/news/articleView.html?idxno=4201
62 http://www.samsung.com/sec/galaxys5
http://www.apple.com/iphone-5s/features
https://www.princeton.edu/~artspol/pd_prof.html
64 https://image-proxy.namuwikiusercontent.com
65 http://pds.joins.com
66 www.institut-numerique.org/42-analyse-delorganisation-521741edd08fc
thedailyhatch.org
68 www.economist.com
www.marcgunther.com/shared-value-is-there-a-therethere
74 http://self-action.tistory.com/67
75 hackman.socialpsychology.org
78 http://www.anjunj.com/news/photo
82 http://image.newstomato.com
85 @ Eugenio Marongiu / Dollar Photo Club
96 http://www.aladin.co.kr
101 http://www.journalist.or.kr
105 http://www.lib.umich.edu/faculty-history/faculty/daniel-katz
108 www.pr.com/press-release/310705
122 www.quotationof.com
131 www.jstor.org
132 http://www.heinz.cmu.edu/faculty
133 rcrc.brandeis.edu
137 http://lgi.umn.edu/people/jadams
146 me2.do/5Vn9skcG

PREFACE

이 책은 여러 종류의 국가시험에서 인사조직론을 공부하는 수험생, 대학교에서 인적자원관리나 조직행동론 등의 과목을 수강하는 학생, 민간조직(기업)과 공공조직(정부, 지자체, 공기업) 등에서 인사실무를 담당하는 초급관리자 등을 주된 독자층으로 상정하고 인사조직분야의 여러 이론과 제도를 간단하면서도 알기쉽게 설명하는 것을 목표로 만들어졌습니다. 인사조직론은 사실 여러 하위분야로 구성된 지식체계입니다. 학부와 대학원에서의 전공교과목으로 구분하자면 조직행동론(organizational behavior, OB), 조직이론(organization theory, OT), 인적자원관리론(human resource management, HRM), 노사관계론(industrial relation, IR) 등이 인사조직론의 하위분야이며, 때로는 전략경영(strategic management)론을 인사조직론과 함께 묶어 경영관리론(management)으로 부르기도 합니다. 이 책은 이러한 인사조직론 내지는 경영관리론의 내용 중 가장 기초적인 부분만을 추려 처음 공부하시는 분들의 수준에서 설명하였습니다. 그래서 책의 제목도 "인사조직 들어가기"로 정한 것입니다.

내용의 범위나 수준의 측면에서 전공도서라 하기에는 부족함이 많고 대중서라 하기에는 약간 딱딱하게 서술되어 있기에 어정쩡한 책이 될 수도 있습니다. 그럼에도 불구하고 이 책을 쓴 것에는 저 나름의 이유가 있습니다. 각종 기업체에서 신입사원교육과 인사 · 노사 부문 기초관리자교육을, 그리고 신림동과 종로의 여러 학원가 등에서 인사관리와 조직론을 수년간 강의를 하며 많은 분들의 질문을 받다 보니 인사조직론을 시험과목으로 공부하는 분들과 실무에서 처음 접하는 분들 모두 이론의 기초적 측면의 이해에 어려움을 겪는다는 공통점을 알게 되었습니다. 이를테면 동기부여(motivation)의 뜻이 무엇인지, 고용관계의 본질이 무엇인지, 인사평가의 공정성이 의심을 받는 이유가 무엇인지 등에 대해서 단편적이고 부분적인 측면에서 답을 할 수는 있어도 보다 핵심적이고 근원적인 부분에 대한 설명까지는 할 수 없었다는 것입니다. 시중에 출간되어 있는 인사관리(인적자원관리)나 조직행동론, 조직설계론 등의 교과서는 학술적 내용을 이론체계에 따라 설명하다 보니 짧은 시간동안 인사조직론의 전체적인 흐름을 초심자 입장에서 파악하기가 어렵다는 실무자들의 푸념이 있었습니다. 일반대중을 상대로 출간되어 있는 수많은 경영서적들은 특정한 주제에 대한 명쾌한 답을 준다는 장점이 있지만 이론으로 일반화하기 힘들다는 점에서 '쉽지만 이론적인' 책을 찾는 분들께는 적합하지 않을 수 있습니다. 그래서 이론에 기반하되 가능한한 쉽고 평이한 문체로 인사조직론의 주요주제들을 다루어 본 것이 바로 이 책입니다.

〔이 책의 구성〕

반나절이면 다 읽을 수 있는 책을 만들기로 마음먹은 이상 인사조직론의 수많은 내용들을 다 다룰수 없음을 알게 되었습니다. 그래서 '선택과 집중'을 하기로 했습니다. 총 8개장으로 구성된 이 책의 주요내용은 다음과 같습니다.

- 제1장 : <사람과 조직>에서는 조직탄생의 배경과 인사조직론의 연구대상을 살펴봅니다.
- 제2장 : <조직구성원으로서의 개인>에서는 조직구성원 각각의 개인차(individual difference)와 개인행동을 설명하는 주요 개념들, 그리고 동기부여의 의미와 관련이론을 소개합니다.
- 제3장 : <팀과 부서에서의 인간행동>에서는 개인이 모여서 구성하는 집단 속에서 구성원의 행동이 어떻게 전개되는지를 살펴보고, 집단을 이끄는 리더의 자질과 행동양식 등에 대해서 살펴봅니다.
- 제4장 : <조직의 정체성과 운영원리>에서는 '조직이란 무엇인가'라는 질문에 여러 학자들이 어떻게 답하였는지, 조직의 구조와 운영방식에 영향을 미치는 요인에는 어떤 것들이 있는지를 살펴보고, 조직구조의 대표적인 양식을 검토합니다.
- 제5장 : <직무와 사람>에서는 일할 맛 나는 직무의 특성이 무엇인지, 그리고 구성원과 직무 및 조직간의 적합성(fit)이란 무엇인지 그 관련 내용을 살펴봅니다.
- 제6장 : <인력의 채용과 개발>에서는 조직의 인재채용 절차와 고려사항, 조직구성원에 대한 교육훈련 방법과 그 평가기준 등을 알아봅니다.
- 제7장 : <평가와 오류>에서는 인사평가에 대해 구성원들의 불만이 생기는 이유와 평가오류의 유형, 그리고 이를 줄이기 위한 평가기법의 내용 등을 검토합니다.
- 제8장 : <승진과 보상>에서는 고용관계의 정체성, 구성원의 승진기준, 임금결정의 원리와 이론적 근거 등을 살펴봅니다.

〔이 책의 활용방법〕

이 책은 초심자를 대상으로 하는 인사조직론의 기초교재로서의 성격을 갖고 있습니다. 특정 시험과목이나 전공과목 교재의 편제를 따르지 않고 저 스스로 다루고 싶은 주제를 자유롭고 편하게 다루었습니다. 모든 주제를 설명하기보다는 중요한 주제를 골라서 이해가 쉽도록 자세히 설명하려고 노력했습니다. 그렇기에 일부 주제의 경우 인사조직론을 제대로 이해하기 위해 필요한 배경지식이라 판단된다면 전공서적 또는 그 이상의 수준으로 서술하기도 했습니다. 따라서 대학에서 「인적자원관리론」이나 「조직행동론」, 「조직론」 등의 과목을 수강하시는 분들께서는 이 책을 읽으신 다음에 해당 과목 교수님들께서 지정해 주시는 교과서를 학습하신다면 보다 빠르고 쉽게 교과내용을 이해하실 수 있을 것입니다. 5급공채시험이나 공인노무사, 경영지도사 등의 국가시험을 대비하는 수험생들께서는 본격적인 수험서 학습 이전에 이 책을 참고교재로 읽으신다면 보다 명확한 개념과 이론체계를 가지고 수험생활을 시작하실 수 있으리라 생각합니다. 인사조직분야의 초급실무자들께서는 이 책에서 소개하고 있는 주요 개념과 용어들을 숙지하는 것이 당장의 업무에 직접적 도움이 되지는 않을 수도 있습니다. 하지만 인사조직론이라는 학문 자체가 인사실무에서 얻은 시사점을 토대로 만들어진 이론체계이므로, 실무에서 맞닥뜨리는 과제의 상당수 역시 이론적 근거를 통해 해결의 실마리를 찾을 수 있으리라 생각합니다.

저 스스로도 아직 배움의 과정에 있기에, 이 책에 수록된 모든 내용들 역시 저의 온전한 창작물이 아닙니다. 많은 교과서와 논문들, 그리고 신문기사와 시사잡지의 내용을 인용하였습니다. 각 장의 마지막 페이지와 책의 맨 뒷부분에 참고문헌 목록을 소개해 두었으므로 추가적인 지식습득이 필요하신 분들께서는 이를 활용하시면 됩니다.

또한 이 책의 내용이해를 돕기 위해 동영상 강의를 개설하였습니다. 관심이 있으신 분들께서는 노무사단기 홈페이지(http://nomu.dangi.co.kr)에서 수강하실 수 있습니다. 교재 내용에 대한 의문사항이나 지적하실 말씀, 건의사항 등이 있으시다면 저의 전자우편(obothrm@gmail.com)으로 연락주시면 됩니다.

〔감사의 말씀(Acknowledgment)〕

한 권의 책이 나오기까지 많은 분들의 도움과 지원을 받았기에 이 지면을 빌려 감사의 인사를 드리고자 합니다.

사실 이 책의 모든 문장은 서울대학교 경영대학의 학부와 대학원 과정에서 많은 깨달음을 주셨던 은사님들로부터 나온 것이라 해도 과언이 아닙니다. 여러모로 부족한 제가 인사조직론을 소개하는 책을 쓸 엄두라도 낼 수 있게 된 것은 저에게 지적인 깨달음과 가르침을 주신 선생님이 계셨기 때문입니다.

현장에서 강의와 컨설팅을 하며 많은 분들과 교류하지 않았다면 저는 이 책에 포함된 다양한 아이디어를 얻지 못했을 것입니다. 저로 하여금 인사조직론의 기본개념과 이론의 근본을 다시 생각하게 해 주신 신림동과 종로의 수험생분들, 실무자의 관점에서 필요한 연구내용과 탐구대상을 일깨워 주신 삼성전자 · 삼성물산 · LG인화원 · SK텔레콤 · 현대경제연구원 · 롯데인재개발원 · 한화인재개발원 · 오리온그룹 등 여러 조직체의 관계자분들께도 깊이 감사드립니다.

학술서적도 아니고 수험서적도 아니며 대중서적은 더더욱 아닌 모호한 정체성의 책을 흔쾌히 출간하기로 결심해 주신 상경사의 김희철 사장님, 늘 좋은 책을 만들기 위해 혼신의 힘을 다해 편집해 주시는 성진우 · 배정영 부장님, 제작과 유통을 도맡아 책에 생명을 불어넣어 주시는 김병훈 부장님께도 감사의 마음을 전합니다.

아직 여러모로 부족한 제가 앞서 연구하신 선학(先學)의 말씀을 그저 모은 것에 불과한 이 책이나마 만들 수 있게 된 것은 멀리 떨어진 고향에서 저의 건강과 성공을 기원해 주시는 아버지와 어머니, 서울에서 궂은 일들을 도맡아준 동생, 그리고 늘 사위를 챙겨주시고 응원해 주시는 장인 · 장모님 덕택이라 생각합니다. 기대에 부응하는 모습 보여드리도록 더욱 노력하겠습니다.

사실 이 책을 처음 쓰게 된 계기는 아내가 만들어 주었습니다. 결혼 전 교제기간동안 아내는 늘 제가 하는 일과 공부에 많은 관심을 가졌고, 몸과 마음이 지치고 힘들 때 따뜻한 격려를 해 주었습니다. 그런 아내에게 고마운 마음을 조금이나마 갚아 보기 위해 인사조직론과 거리가 먼 전공을 한 아내도 읽을 수 있는 책을 한 권 쓰고싶다는 생각을 가지게 되었습니다. 그 생각을 인사조직론의 입문서를 쓰는 방식으로 실천에 옮기는 동안 저와 아내는 결혼준비를 하게 되었습니다. 강의와 원고작업을 하느라 혼자서 바쁜 척 다 하고 다녔지만 아내는 그런 저를 묵묵히 이해해 주었습니다. 여러 사정이 겹치는 바람에 결혼식을 마친 당일에도 저는 강의를 하러 가야만 했었습니다. 아내는 그런 저를 강의가 끝날때까지 기다려 주었습니다. 심지어 결혼 후에도 원고마무리와 강의일정 때문에 신혼여행조차 떠나지를 못했습니다. 이 책은 이런 과정 속에서 탄생했습니다. 고마움과 미안함이 함께 담긴 이 책을 아내에게 바칩니다. 사랑하는 아내가 이 책을 읽을만하다고 평가해 주었으면 좋겠습니다.

2016년 7월의 마지막 날
아내와 뒤늦게 떠난 신혼여행지, 런던에서
최중락(obothrm@gmail.com)

CONTENTS

CHAPTER 1 사람과 조직

CHAPTER 2 조직구성원으로서의 개인

CHAPTER 4 조직의 정체성과 운영원리

CHAPTER 5 직무와 사람

CHAPTER 6 인력의 채용과 개발

CHAPTER 7 평가와 오류

CHAPTER 8 승진과 보상

인사조직 들어가기

최중락

CHAPTER 1
사람과 조직

CHAPTER 1

Ⅰ. 사람과 일, 그리고 조직

FUNDAMENTALS OF MANAGEMENT

1. 사람과 일

일하는 사람들

우리는 누구나 일(work)을 하고 산다. 직장인은 일터에서, 공무원은 공공조직에서, 농부는 들에서, 학생은 학교에서, 작가는 서재에서, 서예가는 서실에서, 군인은 군대에서 각자 주어진 과업(task)을 수행한다. 얼마나 열심히, 그리고 얼마나 오랫동안 일하는지 그 정도의 차이는 각자 주어진 상황에 따라 다르겠지만, 우리가 늘 항상 무엇인가를 하고 있음은(또는 무엇인가를 해야 한다는 사실은) 자명하다. 일을 하는 것이 너무나 당연하고 또 필요한 것으로 여겨지고 있기에, 정부에서는 실업자[1], 즉 일을 하지 않는 사람의 수를 줄이기 위해 각종 정책을 세운다. 이는 곧 '일을 하지 않는 사람'은 뭔가 다른 사람의 눈에 이상하게 보임을 뜻하기도 한다. 이처럼 우리는 늘 일을 하고 사는데, 왜 이렇게 살고 있는지 그 이유를 생각해 본 적이 있는가?

이 질문에 관해서는 철학적인 답변도 가능하겠지만, 현실적인 이유로서 가장 정확한 답은 아마도 '먹고 살기 위함'이 될 것이다. 일을 함으로써 우리는 보람이나 정서적 즐거움 등의 효용을 얻을 뿐만 아니라 생계에 필요한 경제적 효용을 얻을 수 있다. 무명의 예술가나 영리와는 거리가 먼 사회활동을 펼치는 운동가에게조차 그들이 수행하는 '일'은 삶을 지속해 가는 원동력이 된다. 따라서 간단히 말하자면 우리가 일을 하는 이유는 곧 '살기 위함'이라고 요약할 수 있겠다.

2. 일의 공간 : 조직

일은 혼자서도 충분히 할 수 있다. 소설가나 음악가 같은 사람들은 대개 혼자 작업실에서 작품을 만든다. 가정주부는 스스로 빨래와 청소, 설거지 등을 해 내며, 학생은 어려운 각종 과목의 내용들을 자신의 힘으로 스스로의 머릿속에 각인시킨다. 이렇게만 보면 일은 타인의 도움 없이 홀로 할 수 있는 것처럼 보인다.

하지만 우리의 일은 다른 사람과의 관계 속에서 진행되는 것들이 훨씬 많다. 우리가 직장에서 수행하는 각종 과업들만 보아도 단독업무보다 공동

업무가 대부분이고, 소설가가 홀로 쓴 원고도 책의 형태로 출간되기 위해서는 출판사 편집자와 인쇄소의 도움을 받아야 하며, 학생들도 공부를 효율적으로 하기 위해 학교에서 선생님들의 강의를 듣게 된다. 기업, 출판사, 인쇄소, 학교 등은 모두 공동작업이 이루어지는 공간이다. 역사적으로 보아도 인류는 당초 자신의 생명을 지키기 위해 각자 활동하는 지극히 이기적이고 개별적인 존재였으나, 어떤 이유로 인하여 공동체를 만들어 맹수의 위협으로부터 스스로를 보호하는 동시에 식량의 안정적인 확보를 도모하기 위해 협업을 하게 되었다. 이처럼 여러 명의 사람이 공동의 목적(common goals)을 달성하기 위하여 상호 협력하는 결합체를 우리는 조직(organization)이라 부른다[2].

원시 부족 사회

조직은 크게 이윤추구를 목적으로 하는 영리조직과 이윤 외의 목적을 추구하는 비영리조직으로 구분할 수 있으며, 영리조직의 대표적 예로 기업(enterprise, business organization)을, 비영리조직의 대표적 예로 정부(government)를 들 수 있다. 모든 조직은 여러 부문(division)으로 구성되어 있는데 이들 하위부문을 집단(group)이라 하며, 대개 회사나 관공서에서 볼 수 있는 다양한 부서(department) 또는 팀(team)들이 이러한 집단의 사례가 된다.

II. 조직의 등장배경 : 분업과 거래비용

앞서 인류가 조직을 만들어 협업을 하게 된 데에는 어떤 이유가 있었기 때문이라 했다. 이하에서는 그 이유를 '분업'과 '거래비용'이라는 개념을 활용하여 설명해 본다[3].

1. 노동의 분업

각자의 일, 즉 노동을 보다 효율적으로 실시하기 위하여 인류는 일을 나누어 하는 방법, 즉 **분업**(division of labor)을 고안해 냈다. 분업은 각자 맡은 분야에 대한 숙련도를 높여주고 작업속도를 빠르게 한다. 이에 대하여 아담 스미스(Adam Smith)는 그의 저서 『국부론』에서 핀(pin) 제조공장의 예를 들어 분업의 효과를 설명하고 있다. 한 명의 작업자 혼자 핀을 만들 경우

분업을 통해 만든 피라미드

하루에 10개 정도를 생산하는데 그치지만, 이를 철사의 가공부터 절단 및 다듬기 등 18개 작업으로 세분화할 경우 1인당 생산량이 4,800개로 증가한다는 것이다[4]. 이러한 생산효율성의 증가 효과 외에도 분업은 동일 업무의 반복숙달을 통해 기술혁신을 촉진할 뿐만 아니라 인적자원의 적재적소 배치도 가능하게 한다. 분업으로 인하여 사람들은 자기 혼자 생존에 필요한 여러 과업들을 동시에 달성하기 어렵다는 점을 깨닫게 되었다. 그 결과 함께 일하는 사회집단, 즉 조직이 등장하게 된다.

2. 거래비용의 감소[5]

사람은 원하는 것을 얻기 위해 경제활동이 이루어지는 공간, 즉 시장(market)을 활용한다. 이 때 시장을 찾는 누구에게나 각자 자신에게 유리한 거래조건이 있다. 그런데 시장에는 최선의 거래조건이 각기 다른 무수히 많은 소비자와 생산자가 존재한다. 따라서 자신이 원하는 조건으로 거래에 응할 사람을 찾는 것이 가능하다. 이것이 고전경제학에서 말하는 '**보이지 않는 손**(invisible hand)'의 원리이며, 이는 곧 가격기제(price mechanism)에 따라 소비자(개인)와 생산자(기업) 모두가 만족하는 최적의 거래가 이루어짐을 뜻한다. 특정 제품의 가격이 오르면 이를 공급하려는 이들이 많아지고, 가격이 내려가면 이를 원하는 이들이 많아지기 때문에 수요와 공급이 균형을 이루는 지점에서 제품의 적정 가격이 형성된다.

보이지 않는 손

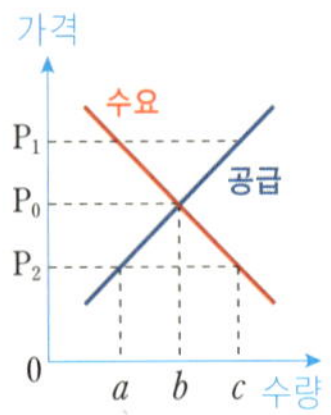

패션디자이너 봉드레김은 옷을 만들 때 마다 옷에 필요한 단추를 구해야 한다. 이 때 단추의 가격은 고객의 수요나 유행에 따라 달라지는데, 봉드레김과 같이 단추를 원하는 사람이 많고, 단추를 만드는 공장도 많이 있으므로 그는 자신이 원하는 가격에 단추를 납품해 줄 수 있는 업체와 거래하면 된다.

그러나 이는 현실에서는 거의 존재하기 어려운 여러 가정이 반영된 결론이다. 즉 '보이지 않는 손'이 작용하는 완벽한 최적 거래는 사람들이 모두 거래상황에 대한 정보를 충분히 가지고 있으며 모두가 합리적으로 생각한다는(즉 경제적으로 최적효용을 추구한다는) 가정을 필요로 한다. 당연히 실제 시장은 그렇게 돌아가지 않는다.

봉드레김이 인터넷 검색을 통해 알아본 최저가 단추납품업체는 봉드레김이 사는 곳에서 너무나 멀리 떨어진 곳에 위치해 있었다. 직접 단추를 눈으로 보고 확인한 다음 주문을 하고 싶은 봉드레김은 샘플을 그 업체에 요청하여 배송받고 직접 검토한 뒤 다시 본주문을 넣는 일련의 과정이 번거롭게 느껴졌다. 그래서 그냥 바로 옆 건물에서 단추가게를 운영하는 최씨네 가게에서 단추를 주문하기로 했다. 가격은 인터넷 최저가보다 약간 비싸지만 단추품질의 확인이 용이하다는 점에서 그냥 그렇게 결정했다.

시장거래가 비효율적일 수 있는 이유를 노벨경제학상 수상자인 윌리암슨(Willamson)은 다음과 같이 정리하였다[6]. 첫째, 거래상대가 무수히 많지 않다. 실제로 우리가 거래할 수 있는 대상은 의외로 소수이다. 둘째, 거래당사자들은 대개 기회주의적 성향을 가진 이기적 인간들이다. 따라서 자신의 이익이 증가하기를 원한다. 셋째, 우리는 합리적이려고 노력하지만 사실 정보를 검색하고 처리하는 과정에서 여러 제약을 받는다. 즉 제한된 합리성(bounded rationality) 하에 놓여 있는 것이다.

윌리암슨
(Willamson, O)

봉드레김은 옆 건물 최씨로부터 단추 1개당 300원에 납품받는 조건으로 계약하였다. 사실 단추 한 개의 제조원가는 20원이고 최씨는 보통 단추를 (이윤을 고려하여) 100원에 판매하였었다. 그러나 봉드레김이 워낙 잘 나가는 패션디자이너이므로 정가보다 비싸게 프리미엄을 붙여 판매해도 구입할 것이라 생각하고 300원에 계약하자고 제의했는데, 봉드레김이 의심없이 그 조건에 덥석 계약을 하자고 한 것이다. 최씨 입장에서는 손해볼 것이 전혀 없으므로 정가보다 200원이나 비싼 조건으로 단추납품계약이 체결되었다.

이러한 이유로 인하여 보이지 않는 손으로 대표되는 시장 메커니즘은 제대로 작동하기 어렵게 된다. 이를 시장실패(market failure)라 하며, 그 결과 거래비용(transaction cost)이 발생하게 된다. 거래상대방이 제대로 된 조건을 제시하는지 감시하는데 드는 비용, 상대방의 제의를 있는 그대로 신뢰하지 못해 생기는 가격협상에 소요되는 비용, 최적의 조건으로 거래할 수 있는 사람의 존재와 위치를 확인하는 비용 등이 그에 해당한다.

봉드레김은 최씨와 단추납품에 대한 계약내용을 수시로 갱신해야 했다. 고객들의 취향이 다양하고 유행이 쉽게 바뀌어서 공급받는 단추의 모양과 재질, 가격, 수량이 항상 변했기 때문이다. 이는 보통 성가신 일이 아니다. 그 시간에 다른 일을 하면 좋겠다는 생각이 들었다. 그리고 단추가게 최씨는 봉드레김 말고도 많은 의류업자와 거래하므로 봉드레김이 필요한 물건을 적시에 원하는 수량으로 항상 제공해 줄 수는 없었다. 그리고 최씨가 늘 단추가게에 있는 것이 아니기 때문에 종종 그를 기다려야 하기도 했다. 작업이 지연될 때마다 기다릴 수 없는 고객은 다른 곳으로 가 버렸다.

위계조직

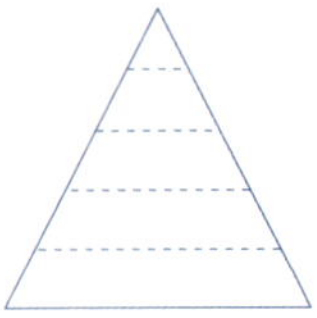

이러한 비용들을 획기적으로 줄이기 위하여 '보이는 손', 즉 **위계(hierarchy)에 의한 조직화**가 발생한다. 여기서 위계란 조직구조 내의 계층을 의미하며, 조직화란 외부거래상대방을 나의 아래에 두는 것, 즉 채용하는 것을 뜻한다.

결국 불편을 참지 못한 봉드레김은 최씨네 단추가게에서 쓸 만한 직원 한 사람을 물색하여 '스카우트' 해서 그 직원에게 단추문제를 일임했다. 그는 봉드레김 회사 소속이므로 그의 말에 잘 복종했으며, 월급을 주므로 단추에 대한 가격협상 자체가 불필요하게 되었다. 언제 휴가 가는지 잘 알고 필요하면 못 가게 할 수도 있다. 무엇보다도 봉드레김이 만드는 옷에 대한 전문가가 된다. 미리미리 단추를 준비한다. 월급을 주어야 하지만 옛날에 비하면 엄청나게 비용이 절약되고 효율적이다.

이것이 바로 거래비용의 내부화이고 시장에서의 계약관계가 상하의 위계질서에 의해 구성원이 움직이는 조직의 형태로 변화하는 이유이다.

CHAPTER 1

Ⅲ. 인사조직론의 연구대상

FUNDAMENTALS OF MANAGEMENT

1. 경제활동과 경영학

경제활동은 시장에서 재화(goods)와 용역(services)의 흐름과 교환이 이루어지는 제 현상을 지칭하는 용어이다. 경제활동을 수행하는 가계(소비자), 기업, 정부, 외국을 경제활동의 주체(subject)라 한다. 경제학(economics)은 이들 경제주체들이 어떤 방식으로 생산과 소비 및 교환에 대한 의사결정을 수행하는지에 초점을 두는 학문인 반면, 경영학(management, business administration)은 기업이라는 경제주체에 집중하여 기업의 운영원리와 구성요소 및 제반 활동에 대한 논리적이고 체계적인 이해를 목표로 하는 학문이다.

2. 행정과 행정학

대개 정부가 수행하는 일을 행정(行政)이라 한다. 이 때 행정은 정부가 단독으로 수행하는 일 뿐만 아니라 정부와 사회의 여러 주체들이 함께 참여하는 행위를 모두 포함한다. 신도시 계획의 수립, 음식점에 대한 위생점검, 인터넷을 통한 공문서 발급 등 실로 다양한 활동들이 모두 행정에 포함된다. 행정학(public administration)은 정부라는 주체에 집중하여 정부의 운영원리와 구성요소 및 제반활동에 대한 논리적이고 체계적인 이해를 목표로 하는 학문이다.

3. 조직의 특징[7)]

경영학과 행정학은 각각 기업과 정부를 그 연구대상으로 삼는다. 기업은 영리를 추구하는 조직인 반면 정부는 영리가 아니라 공공복리를 추구하는 비영리조직이라는 점에서 차이가 있지만, 기업과 정부는 모두 조직이라는 점에서 공통점을 가진다. 조직은 다음의 특징을 가진다.

첫째, 조직은 목표를 가진다. 목표(goal)란 조직이 달성하고자 하는 미래의 상태를 뜻한다[8)]. 조직목표는 조직에서 합법성과 정당성의 제공, 조직구성원 행동의 지침과 동기부여, 의사결정 지침의 제공, 불확실성의 완화, 조직효과성의 평가기준 제공 등의 다양한 기능을 수행한다.

둘째, 조직은 구조를 가진다. 구조(structure)는 조직의 목표달성을 위하여 조직을 구성하는 각 부문(예 : 업무 담당자, 그들을 관리 · 감독하는 상사, 갈등 발생시 이를 담당하는 사람 등)의 위치(position)와 역할(role)등을 합리적으로 배열한 구조적 틀(framework)을 뜻한다. 모든 조직은 체계화된 구조를 토대로 각종 활동을 수행한다.

조직도

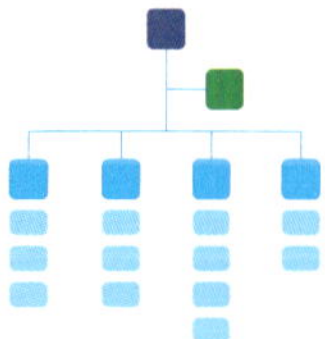

셋째, 조직은 경계를 가진다. 경계(boundary)는 조직의 내부와 외부를 구분할 수 있게 해 주는 요소이다. 대부분의 조직은 외부와 긴밀한 관계를 맺게 되는데, 그 예로는 기업의 활동이 정부정책의 영향을 받는 것이다. 정부도 그 활동에 필요한 예산 중 상당규모를 기업이 납부하는 세금으로부터 충당한다.

넷째, 조직은 사람으로 구성된다. 사람(people)은 조직활동이 원활하게 수행되기 위해 필요한 가장 중요한 요소라 할 수 있다. 사람을 관리하는 조직의 기능을 인적자원관리(human resource management) 또는 인사관리(personnel management)라 한다. 인사관리는 조직의 효율성(생산성)과 조직을 구성하는 사람의 만족을 극대화하기 위하여 인적자원과 그가 수행하는 직무(일)를 대상으로 확보(채용), 개발(교육), 평가(인사고과), 보상(임금 및 복지후생), 유지 및 방출활동을 관리하는 제반 활동을 총칭한다.

4. 이 책의 구성

이 책은 조직과 사람의 관리를 주된 연구대상으로 삼는 경영학과 행정학의 한 분야인 인사조직론에 관한 기초지식을 다루는 것을 그 목표로 한다. 본 장에서는 사람과 조직의 관계를 간단하게 살펴보았으며, 이후에는 조직을 구성하는 개인(제2장), 부서와 팀(제3장), 조직구조(제4장)에 대한 내용과 조직에서 개인이 수행하는 업무(제5장), 인력의 채용과 교육(제6장), 업무수행에 대한 평가(제7장), 승진과 보상지급의 원리(제8장) 등을 간략하게 살펴본다. 이 책에서 다루는 내용들을 이론체계와 분야별로 나누어 정리하면 [표 1-1]과 같다.

[표 1-1] 이 책의 구성

목차	분야	과목
제1장. 사람과 조직	인사조직론 개관	조직론
제2장. 조직구성원으로서의 개인	개인차원의 변수 동기부여	
제3장. 팀과 부서에서의 인간행동	집단차원의 변수, 리더십	
제4장. 조직의 정체성과 운영원리	조직이론의 역사, 조직구조론	
제5장. 직무와 사람	직무관리	인사관리론
제6장. 인력의 채용과 개발	확보관리, 개발관리	
제7장. 평가와 오류	평가관리(인사고과)	
제8장. 승진과 보상	승진관리, 보상관리	

1) 물론 경제학적으로 볼 때 실업자가 '일을 하지 않는 사람' 과 동의어는 아니다. 경제학에서는 실업자를 '일자리를 찾고 있으나 취업이 되지 않은 사람' 으로 정의한다(조순 · 정운찬 · 전성인 · 김영식, 2013).
2) 유필화 · 황규대 · 강금식 · 정홍주 · 장시영(2014), 『글로벌 시대의 경영학』(제3판), 서울: 박영사
3) 임창희(2010), 『조직론』, 서울 : 학현사
4) 김영재 · 김성국 · 김강식(2015), 『신인적자원관리』(제3판), 서울 : 탑북스
5) 이 부분의 예화는 다음의 책을 참조하여 재구성한 것이다.
김화진(2013), 『상법강의』, 서울 : 박영사, pp.28~30
6) Williamson, O. E. (1975). *Markets and Hierarchies* : *Analysis and antitrust implications*. NY : Free Press
7) 이창원 · 최창현 · 최천근(2012), 『새조직론』(전정3판), 서울: 대영문화사
8) 이창순(2009), 『조직』(제2개정판), 서울 : 박영사

CHAPTER 2 조직구성원으로서의 개인

Ⅰ. 조직구성원의 행동에 영향을 주는 요인들

1. 외모
2. 성격
3. 정서
4. 태도
5. 지각
6. 스트레스
7. 학습과 강화

Ⅱ. 동기부여의 원리

1. 욕구중심의 동기부여 : 매슬로우
2. 사고과정 중심의 동기부여 : 브룸
3. 업무내용 중심의 동기부여 : 허쯔버그

CHAPTER 2

Ⅰ. 조직구성원의 행동에 영향을 주는 요인들

FUNDAMENTALS OF MANAGEMENT

행동(behavior)의 의미는 여러가지겠지만 이 책에서 다루는 '행동'은 주로 조직생활을 하면서 구성원이 업무와 관련하여 활동하거나 주변 동료들과의 관계 속에서 행하는 여러 상호작용, 즉 조직행동(organizational behavior)을 의미한다. 상사에게 업무보고를 하는 것, 회사 동료들과 점심시간에 담소를 나누는 것, 진급을 위해 경쟁하는 것, 업무로 인한 스트레스를 후배들에게 푸는 것 등이 조직에서의 행동인 것이다.

조직구성원의 행동에 영향을 미치는 요소에는 여러 가지가 있다. 개인의 외모, 성격이나 가치관, 감정 및 기분상태, 업무나 동료에 대한 호불호의 관점, 상황에 대한 판단과 지각, 각종 스트레스, 학습활동 등이 그 예이다. 이들 요소들에 대한 구체적인 내용들을 살펴본다.

1. 외모[1)]

최근 사람들이 외모에 쏟는 관심이 점차 증가하면서 비단 여성들뿐만 아니라 남성에게도 외모는 이제 또 하나의 경쟁력이 되고 있다. 조직에서도 마찬가지이다. 자신의 외모가 상대방의 나에 대한 판단에 영향을 미치고 그 반대도 가능하다.

좋은 외모의 구성요소
큰 키, 적당한 체중, 밝은 피부색, 맑은 눈동자, 고른 치열, 머리카락의 색, 바른 자세, 인상 등

우선 **좋은 외모**를 가진 사람은 자신에 대한 긍지와 자부심이 높을 가능성이 크기 때문에 대인관계나 업무처리에서 유리한 고지를 차지할 수 있다. 또한 매력적인 외모는 상대방에게 좋은 이미지를 형성해 준다. 이는 신체적으로 매력적인 사람들이 바람직한 성격과 좋은 덕목들을 갖추었을 것이라 믿는 후광효과(halo effect)가 발생하기 때문이다(후광효과는 어느 한 측면의 판단이 다른 측면의 판단에 영향을 미치는 현상을 뜻한다). 그 결과 채용면접에서도 외모가 뛰어난 지원자가 합격할 가능성이 높게 된다[2)].

그 뿐만이 아니다. 외모가 뛰어난 사람은 상사로부터 좋은 평가를 받게 될 가능성이 크므로 승진과 보상에 있어도 이점을 가지게 된다. 또한 주변인들의 호의와 지원을 받기도 쉽다. 주변인들과의 관계, 승진, 보상 등 다양한 측면에서 외모로 인한 이점을 누리는 사람은 자신의 직무, 즉 일로부터 느끼는 만족감 역시 증가할 가능성이 커지므로 외모가 뛰어난 사람은 여러모로 유리한 점이 분명 존재한다.

그렇다면 결론적으로 잘 생기고 예뻐야 좋다는 것인가? 그것은 아니다. 외모상의 이점을 가지는 사람들이 일을 못 함에도 불구하고 외모로 인하여 실력보다 과대평가를 받는 것은 부당한 것이다. 따라서 부하들의 평가를 담당하는 상사들은 평가와 보상의 공정성을 지키기 위하여 남녀를 불문하고 실력이나 인품 외의 키나 몸매 등의 외모로 인한 평가오류가 작아질 수 있도록 신경써야 할 것이다.

2. 성격

우리는 흔히 "저 친구는 성격이 좋다" 라거나 "우리 상사는 성격이 불같다" 등의 말을 하고 산다. 누군가 일을 열심히 하는 것을 보면 성격이 성실하다라거나, 우직하다 등과 같은 류의 평가를 한다. 인간관계를 맺는 방식을 판단할 적에도 상대방의 성격이 어떤지 신경을 많이 쓴다. 남녀간에 처음 만나서 서로에 대한 호감을 형성해 나가는 순간에도 외모와 더불어 가장 많은 비중을 차지하는 요인이 바로 성격이다. 이처럼 우리는 성격이라는 말을 자주 사용하는데, 이 성격의 정체는 무엇인가?

이성과의 만남

1) 성격의 개념과 특징

심리학자 **올포트**(Allport)에 따르면 성격(personality)이란 사람이 환경에 적응하는 나름대로의 독특한 방식을 의미한다. 우리가 흔히 사용하는 '외향성'이라는 성격은 다른 사람과의 관계를 중시하고 사람이 많은 곳에서 편안함을 느끼며 에너지가 자신의 내면보다는 밖으로 향하는 성격특성을 지칭하는데, 이는 곧 외향적인 사람이 주변 환경에 어떻게 적응해 가는지의 방식을 나타낸다.

올포트(Allport, G)

성격의 일반적 특징은 다음과 같다[3]. 첫째, 성격은 개인의 행동이나 생각을 통해 나타나는 특징적인 양식이다. 따라서 특정인의 성격은 그의 행동을 관찰하거나 그의 사고을 추리함으로써 알 수 있다. 둘째, 성격은 개인마다 각기 다르다. 이는 성격을 통해 어떤 사람을 다른 사람과 구별할 수 있다는 것이다. 셋째, 성격은 상황의 변화나 시간의 흐름에도 불구하고 그의 행동과 사고에서 비교적 일관성 있게 나타난다. 즉 성인이 되어서는 성격이 쉽게 바뀌지 않는 것이다.

쌍둥이의 성격

2) 성격의 형성

성격에 대한 주요 쟁점은 이것이 과연 유전적 요소(선천적인 생물학적, 신체적, 심리적 요소)의 결과인지, 혹은 환경적 요인(후천적인 성장과정 및 각종 경험)의 결과인지의 문제이다. 일반적인 견해에 의하면 성인의 성격은 유전에 의해 형성되고, 환경 조건에 의해 변화되는 것으로 정리할 수 있다[4].

3) 성격의 다섯 가지 구성요소[5]

빅 파이브(Big-Five) 이론 또는 5대 성격유형(five factor model, FFM)으로 불리는 이 모형은 다섯 가지의 기본적 차원을 활용하여 매우 다양한 인간성격의 대부분을 설명할 수 있다. 이 이론은 일정한 한계점을 가지고 있는 기존의 여러 성격연구들과는 달리 폭넓은 연구결과를 통해 지지 · 인정받고 있다. 아래에 소개될 5가지 성격의 종류는 인간에게 발견되는 대표적인 것이며 성인의 경우 이들 요소들이 상당히 안정적으로 나타나는 것으로 밝혀지고 있다.

① 감정안정성(emotional stability, 평정성)

이는 스트레스에 견딜 수 있는 개인의 능력과 관계된다. 감정안정성이 낮은 사람들은 신경질적(neuroticism)이고 불안을 잘 느끼며 감정기복이 심하다. 하지만 정서가 안정적인 사람들은 온화하고 자신감이 있으며 매사에 안정적이라서 업무에 대한 만족감을 잘 느끼며 스트레스도 덜 받는 편이다.

② 외향성(extraversion)

이는 많은 사람들과의 관계들 속에서 느끼는 편안함의 정도와 관련이 있다. 외향적인 성향의 사람들은 사교적이며 친화성이 뛰어나다. 반면 내향적인 성향의 사람들은 수줍어하고 소심하며 조용하다. 외향성이 높은 사람은 여럿이서 함께 하는 팀 작업과 대인관계에 능숙하여 높은 성과를 보인다. 또한 리더십과 주도능력이 뛰어나 리더로서 적합하며, 일과 삶에 대한 높은 만족도를 나타낸다.

개방성은 영어표현의 'openness to experience'가 뜻하는대로 '경험에 대한' 관심과 흥미의 정도를 나타낸다. 즉 익숙한 것이 아닌 낯선 상황에 대하여 얼마나 편하게 인식하는지의 정도를 의미한다.

③ 개방성(openness to experience)

이는 새로운 것에 대한 관심과 흥미의 정도를 나타낸다. 개방성이 높은 사람들은 창의적이고 호기심이 많으며 예술적 감수성이 풍부하다. 반면 반대 성향의 사람들은 보수적이고 익숙한 환경에서 편안함을 느낀다. 개방성은 학습능력 및 변화에 대한 적응력과 높은 상관을 가진다. 따라서 개방적 성향의 사람들은 같은 교육을 받더라도 그 흡수 정도가 훨씬 큰 것이 보통이다.

④ 친화성(agreeableness, 조화성 또는 동조성)

이는 다른 사람들에게 양보하고 순응하는 성향을 의미한다. 친화성이 높은 사람들은 협력적이고 마음이 따뜻하며 인정이 많고 남을 잘 믿는다. 친화성이 낮은 사람들은 차갑고 까다로우며 적대적이다. 친화성은 조직에서의 친화력과 순응 정도를 의미하는 개념이므로 이 정도가 높은 직원은 고성과를 낼 가능성이 크다. 또한 친화성이 큰 직원은 낮은 일탈행동을 보인다.

⑤ 성실성(conscientiousness)

이는 신뢰성과 관련이 깊다. 성실성이 높은 사람은 책임감이 있고 규칙적이며 믿음직스럽고 우직하다. 성실성이 낮은 사람들은 쉽게 이성을 잃는 편이고 산만하며 믿음직스럽지 못하다. 성실성은 노력 및 끈기와 의욕을 가지고 있는 사람이므로 리더로서 적합한 동시에 고성과자가 될 가능성이 크다. 각종 연구들을 종합해 보면 성실성은 빅 파이브 구성요소 가운데 직무성과에 미치는 영향력이 가장 크다고 한다.

연구에 따르면 성실성, 개방성, 의향성이 높은 사람이 리더로서의 자질을 갖고 있다고 한다.

4) 성격이 조직에 미치는 영향

청운의 꿈을 품고 서울 소재 A 대기업에 입사한 29세의 청년 김중락씨는 매사에 적극적이고 활발하며 사교적이어서 학창시절부터 주변의 인기를 한몸에 받고 있었다. 그러나 입사 후 두 달이 지난 지금, 과연 자신이 원하는 직장생활을 하고 있는지 고민이 많다. 매사에 신중하고 꼼꼼한 직속상사는 중락씨의 과감한 성격을 칭찬하기보다 우려하는 모습을 보인다. 같은 팀 1년 선배 성유리씨와는 아직 개인적으로 밥도 같이 먹은 적이 없다. A기업의 사람들은 대개 혼자 또는 2~3명의 소그룹 단위로 식사를 한다. 단체회식도 없고 신입사원 환영식 같은 것도 없다보니 아직 선배 직원들과 친해질 기회도 없다. 이렇게 밍숭맹숭한 조직생활은 태어나서 처음인 김중락씨는 남들이 다들 부러워하는 높은 연봉과 회사의 비전이 공허하게만 느껴진다.

왜 김중락씨는 회사가 불편할까? 이유는 자명하다. 회사의 성격과 나의 성격이 맞지 않는 것이다. 우리는 흔히 사람과 사람간에 사이가 좋지 않으면 '성격 격차'가 그 이유라고들 한다. 회사생활도 마찬가지이다. 사람끼리만 궁합이 존재하는 것이 아니라 사람과 조직에도 궁합이라는 것이 존재한다.

슈나이더 (Schneider, B)

슈나이더(Schneider)는 이를 유인-선택-퇴출 이론[attraction-selection-attrition (ASA) theory]으로 설명하였다. 그에 따르면 한 조직의 전체적인 특성은 이를 구성하고 있는 종업원들 성격의 산물이다.

$$\text{조직의 특성} = \sum \text{구성원의 성격}$$

따라서 조직특성과 유사한 성격을 가지는 개인은 조직에 유인(이끌림)되며, 그렇지 않은 개인은 조직으로부터 선택되지도 않거니와 설령 선택받는다 하더라도 불만을 느끼고 조직을 나가게(퇴출) 된다. 결과적으로 조직에는 그 전형적 특성과 유사한 성격속성을 가진 사람만 남게 된다. 슈나이더는 이를 "사람이 조직을 만든다(people make the place)"고 표현하였다[6].

3. 정서

1) 개념과 구성요소

Affect에 대한 번역어
감성, 정서, 감정, 분위기, 기분 등

정서(affect)란 사람들이 어떤 대상(사람, 사건, 사물)에 대하여 경험하는 포괄적인 느낌을 뜻한다. 친구를 만났을 때의 느낌, 비가 오는 날의 우울함, 첫 출근을 하던 날의 흥분, 일이 뜻대로 되지 않을때의 무력감, 사랑하는 이와 함께 있을 때의 행복 등은 모두 정서의 일종이다. 이러한 정서는 감정과 기분이라는 두 요소로 구성된다.

감정(emotion)은 구체적인 정서이다. 즉 사람이나 사물이라는 특정 대상(객체)에 대해 가지는 짧은 순간(대개 분이나 초 단위)의 강렬한 느낌이다. 친구, 직장상사, 연인, 가족, 자신의 자동차 등 구체적 사물이나 사람에게 가지는 느낌은 emotion에 속한다. 일반적으로 감정은 행복, 놀람, 공포, 슬픔, 분노, 혐오라는 여섯 범주로 나눌 수 있고, 모든 다른 감정은 이 여섯 범주 아래 포함된다고 한다.

반면 기분(mood, 분위기)은 덜 구체적인 정서이다. 감정보다는 덜 강렬한 느낌으로 자극의 원인(즉 객체)이 불분명한 상태를 의미한다[7]. 대개 기분은 감정보다 긴 시간(대개 몇시간이나 며칠 단위)동안 지속된다. '오늘따라 기분이 찝찝하다', '이상하게 오늘 저기압이다' 등의 이야기를 할 때 우리가 사용하는 '기분'이라는 용어가 바로 mood이다.

[그림 2-1] 정서, 감정, 기분의 관계

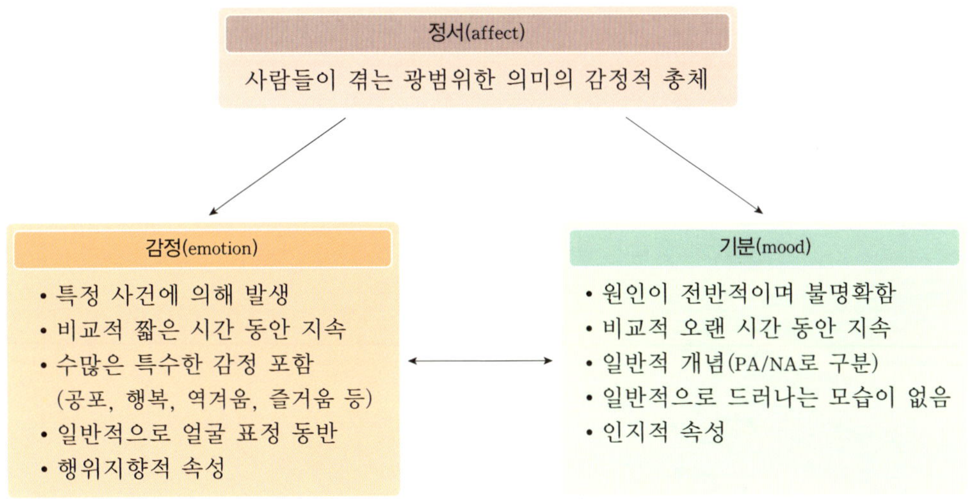

출처 : Robbins & Judge(2015), 수정인용

2) 정서와 조직구성원의 행동

정서는 조직구성원의 행동에 다음과 같은 영향을 미친다.

첫째, 정서적 능력은 인간의 합리성과 이성적 사고에 기여하는 한 측면이 된다. 전통적으로 이성과 감정은 서로 상충하는 것으로 알려져 왔으나, 최근의 연구들에 따르면 감정을 제대로 느끼지 못하는 사람은 이성적인 사고기능 역시 원활하지 않다고 한다. 그 주된 이유는 우리가 정서를 통해 우리를 둘러싸고 있는 환경을 올바르게 이해할 수 있기 때문이다. 결국 좋은 의사결정이란 생각(이성)과 감정(정서)을 동시에 고려했을 때 비로소 만들어진다 하겠다.

피니스 게이지(Phineas Gage)
미국 버몬트 주 철도회사 직원인 피니스 게이지는 공사현장에서 철근이 두개골을 관통하는 사고를 당했음에도 불구하고 기적적으로 인지능력을 유지할 수 있었다. 그러나 그는 그 사고로 감정을 느끼는 능력을 상실하였고, 점차 논리적 사고력 역시 잃어가게 되었다.

둘째, 정서를 조직의 필요에 따라 억눌러야 하는 상황이 빈번하게 발생할 경우, 스트레스와 불만의 원천이 될 수 있다. 이와 관련된 용어가 감정노동(emotional labor)인데, 이는 직장생활의 과정에서 자신의 감정이 아닌 조직차원에서 바람직하게 여겨지는 감정을 표현하는 현상이다. 구성원에게 가장 어려운 것은 서로 상반된 감정이 동시에 일어날 때, 대외적으로 드러낼 것이 권장되는 하나의 감정만을 선택해서 보여야 한다는 것이다. (고객응대를 할 때는 화가 나더라도 웃어야 한다!) 이 때 감정부조화(emotional dissonance)가 일어나는데, 이것은 종업원에게 좌절감, 분노, 원한 등의 정서적 소모(emotional exhaustion)와 심리적 탈진(psychological burnout)을 야기할 수 있다.

셋째, 감정적 단서나 정보를 파악하고 관리하는 개인의 능력인 감성지능(정서지능, emotional intelligence, EI)이 높은 사람은 조직에서의 대인관계에 능숙하고 타인이 자신에게 바라는 것이 무엇인지 쉽게 파악할 수 있으며 자기 스스로의 감정조차도 쉽게 컨트롤할 수 있으므로 업무성과가 높은 경우가 많다. 실제 연구 결과들을 보면 성공한 경영자의 85% 이상은 감성지능이 높은 사람이며, 평균 이상의 감성지능을 가진 사람이 평균 이하의 직원보다 연간 120만 달러 이상의 실적을 올렸다는 보고도 있다. 따라서 그간의 연구를 종합해 볼 때 감성지능은 모든 연령층과 직장계층에서 직무성과에 중요한 영향을 미친다고 볼 수 있다.

4. 태도

1) 태도의 개념

태도(attitude)란 사물, 사람, 사건에 대한 호불호(好不好)의 평가나 판단을 뜻한다. 예를 들어 특정 기업에 대하여 누군가가 "우리 회사는 사회에 공헌하는 훌륭한 기업이다"라는 신념을 지속적으로 견지하고 있다면 이는 그 사람이 자신의 회사에 대하여 긍정적 태도를 가지고 있는 것이라 할 수 있다. "우리 대통령은 참으로 일을 잘 못한다"와 같은 생각을 하는 사람은 대통령에 대한 부정적 태도를 가지고 있는 경우이다. 이상의 예로부터 확인할 수 있는 한 가지 사실은 태도가 비교적 안정적이고 일정 기간 동안 지속되는 경우가 많지만, 전혀 바뀌지 않는 개념은 아니라는 점이다. 성격의 경우에는 성인기 이후에 변화하는 경우가 드물지만 앞서 언급한 기업에 대한 신념이나 대통령에 대한 평가는 어떤 사건이나 시간의 흐름에 따라 바뀔 수 있는 것이다. 따라서 조직관리자 입장에서는 구성원들이 조직에 대해 어떤 평가를 하고 있는지를 수시로 파악하여 이를 더욱 긍정적인 방향으로 개선해 나갈 수 있다. 태도를 조직행동 분석에서 중요하게 생각하는 이유가 바로 여기에 있다.

르윈(Lewin, K)

2) 태도의 변화

사람의 태도변화에 대하여 연구한 **르윈**(Lewin)은 인간의 태도가 고정되거나 안정적인 것이 아니라, 겉으로는 그렇게 안정적(stable)으로 보일지라도 실제로는 매우 동적(dynamic)인 균형(즉 변화가능한 균형)을 유지하는 상태라고 보았다. 예를 들어 한 사람이 자신의 소속조직에 대해 가지는 태도가 부정적이라고 한다면, 이것이 부정적인 조직요인들에 의해서 평생동안 고정되어 있는 것이 아니라 긍정적 요인과 부정적 요인이 혼재된 상태에서 부정적 태도형성 원인의 크기가 긍정적인 원인의 크기보다 조금 더 크기 때문에 그 사람이 조직에 대한 부정적 시각을 견지한다는 것이다. 그렇다면 긍정적 요인의 크기를 증가시키거나 강화할 경우 조직에 대한 태도가 바뀔 수도 있는 것이다.

3) 조직에서의 주요 태도

사람이 취할 수 있는 태도는 무수히 많지만 이하에서는 논의의 범위를 조직론에서의 연구대상으로 국한하여 직무와 관련한 직무만족, 조직몰입, 조직후원인식, 신뢰 등을 살펴본다.

① 직무만족

직무만족(job satisfaction)이란 개인의 직무에 대한 긍정적 · 호의적인 태도로서 이는 직무를 구성하는 제반 특성(예 : 근무시간, 상사, 동료, 보상, 승진 등)에 대한 종합적 평가로부터 도출된다. 직무만족은 종업원이 수행하는 업무 그 자체와 관련한 요소인 직무내적요인(직무의 흥미도, 과업의 다양성과 정체성, 자신이 가진 재능의 활용 여부 등)과 직무를 둘러싼 주변 환경과 관련한 요소인 직무외적요인(동료와의 원만한 관계, 상사와의 긴밀한 상호작용, 동료들과의 업무 상호의존성, 조직 내에서의 의사소통, 주변으로부터의 사회적 지원, 성격, 경력개발에 도움이 되는 교육훈련, 적절한 급여 등)에 의해 유발된다. 직무만족은 조직의 성과, 조직시민행동(남을 자발적으로 돕는 행동), 구성원들이 응대하는 고객의 만족, 이직률 등의 다양한 변수에 영향을 미친다.

② 조직몰입

조직몰입(organizational commitment)은 개인이 조직 그 자체나 조직의 일, 그리고 자신을 서로 동일시하는 수준으로서, 조직에 구성원으로 남고자 하는 의사를 의미한다. 알렌과 **마이어**(Allen & Meyer)에 따르면 조직몰입은 일반적으로 종업원이 조직과 스스로를 동일시하고 조직에 대해 진정으로 충성심을 느끼는 정도를 나타내는 정서적 몰입(affective commitment), 조직구성원으로서 얻을 수 있는 경제적 가치로 인하여 조직에 남고자 하는 정도를 나타내는 지속적 몰입(연속적 몰입, continuance commitment), 도덕적 또는 윤리적인 이유로 인하여 조직에 남으려는 의무감인 규범적 몰입(normative commitment) 등의 세 가지 하위요소로 구성된다[8].

마이어(J. P. Meyer)

[그림 2-2] **신뢰의 형성**

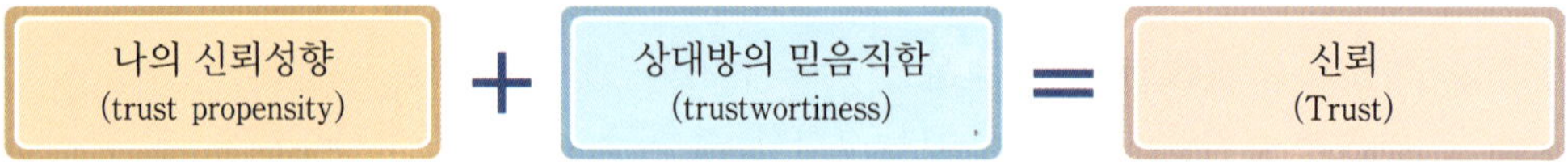

③ 조직후원인식

조직후원인식(perceived organizational support : POS)은 조직이 구성원의 공헌(contribution)에 대한 가치를 부여하고 개인 복지에 대하여 관심을 쏟는 정도를 의미한다. 사람들은 보상이 공정하거나 의사결정과정에 참여할 때, 그리고 상사들이 지원적(supportive)이라고 생각될 때 높은 조직후원인식을 느끼게 된다.

④ 신뢰[9]

신뢰(trust)는 다른 사람의 태도나 행동을 긍정적으로 생각하고 기꺼이 그들을 믿고자 하는 태도이다. 신뢰는 개인이 타인 혹은 집단으로부터 구두나 문서로 작성하여 받을 약속이 지켜질 것이라는 기대(expectation)와 어떤 상황에서 다른 사람으로부터 손해를 볼 가능성 즉 위험(risk)의 개념과 관련이 깊다. 중요한 것은 신뢰가 어느 한 쪽의 노력만으로 형성되는 것이 아니라 믿는 사람과 믿음의 대상 모두의 노력에 의해 만들어진다는 점이다. 우선 내가 타인이나 조직을 잘 믿을 수 있는 속성을 가져야 한다. 이를 신뢰성향(trust propensity)이라 한다. 그리고 내가 믿는 대상(상대방 혹은 조직)이 믿음직스러운 속성(trustwortiness)을 가져야 한다. 연구에 따르면 믿음의 대상이 능력을 갖고 있거나, 나에게 호의적 태도를 보이거나, 약속한 것을 반드시 지키려는 믿음직함을 보여줄 때 내가 그를 더 잘 믿게 된다고 한다. 한번 조직과 구성원간에 신뢰가 구축되면 구성원간에는 정보교환과 협동이 촉진되고, 구성원은 조직을 위해 기꺼이 스스로를 희생할 수 있으며, 궁극적으로 조직의 안정과 구성원의 행복증진을 도모할 수도 있게 된다[10].

5. 지각

지각(perception)은 사람이 주변환경으로부터 감지하는 정보들을 배경지식을 활용하여 분석하고 그 의미를 해석하는 과정이다. 우리가 인식하는 모든 정보는 지각의 결과로 형성되는 것이며, 지각된 사실과 실제의 사실은 다를 수 있다. 같은 연예인을 보고도 누구는 아름답다고, 다른 누군가는 그렇지 않다고 판단할 수 있듯이 말이다. 따라서 지각은 지각자 자신, 지각이 이루어지는 상황, 지각대상의 속성 등에 의해 영향을 받는 가변적인 것이라 할 수 있다.

무엇이 보이는가?

만약 실제와는 다른 지각이 형성되었다고 할 때, 실제와 지각 중 우리의 행동에 더 큰 영향을 미치는 것은 우리가 해석하고 이해한 지각일 가능성이 높다. 지각이 조직행동에서 중요한 까닭은 상사가 부하직원을 평가하는 과정에 영향을 미치기 때문이다. 부하직원이 아무리 일을 잘 해내더라도 상사의 눈에 열심히 하는 것으로 보이지 않는다면 그 부하직원의 평가점수는 낮을 수 밖에 없다. 이러한 평가오류에 대해서는 7장에서 자세히 살펴본다.

6. 스트레스

일상적으로 우리는 스트레스라는 용어를 자주 사용한다. 그러나 스트레스의 개념을 정확히 알고 있는 사람은 그리 많지 않다. 인사조직론에서 스트레스(stress)란 사람들이 원하거나 해야만 하는 중요한 일과 관련하여 상황의 불확실성이나 각종 제약으로 인해 야기되는 불안한 심리상태를 뜻한다. 스트레스의 정의를 다시 살펴보면 스트레스는 크게 세 가지로 구성된다고 볼 수 있다. 첫 번째 요소는 제약조건이다. 이는 자원이나 시간의 희소성이 스트레스를 유발하는 가장 중요한 요인이 됨을 의미한다. 두 번째 요소는 중요성이다. 중요하지 않은 일에 관해서는 스트레스를 잘 받지 않는다. 세 번째 요소는 불확실성이다. 직장에서 직면하는 거의 모든 일들은 개인의 통제범위를 벗어나는 경우가 많기 때문에 조직구성원들은 다양한 불확실성에 직면한다. 만약 이 때 어떠한 상황이 요구하는 결과가 즉각적으로, 단순하게 파악될 수 있다면 스트레스는 줄어들게 된다.

요구(직장에서 체험하는 책임, 압박, 의무, 불확실성)에 직면하는 사람은 스트레스를 받게 되는데, 이 때 스트레스에 대응하는 적절한 자원(resource)이 존재한다면 요구로 인한 스트레스를 줄일 수 있다. 요구(demand)란 직무수행을 하는 과정에서 부담으로 작용하는 작업량(workload), 시간의 압박, 위험요소 등이며, 자원(resource)이란 직무수행과정에서 문제해결에 도움이 되는 자율성(권한), 상사의 지원(도움), 긍정적 피드백(칭찬), 성장가능성(비전) 등을 뜻한다. 여기서 요구는 소진(burnout)을 야기하지만 자원은 직장생활의 질(QWL, quality of working life) 향상에 기여한다. 그렇다고 해서 요구를 없애고 자원만 제공할 수는 없다. 일을 하는 과정에서 요구의 발생은 필연적이

요구 > 자원
➠ 스트레스

기 때문이다. 따라서 개인의 동기부여를 위해서는 직무요구를 줄이는 소극적 전략보다는 직무자원의 공급에 힘쓰는 적극적 전략이 필요한 것이다.

7. 학습과 강화

학습(learning)은 개인의 반복적인 연습이나 경험에 의하여 장기적인 행동변화를 이룩해 나가는 과정을 의미한다. 인사조직론에서의 학습은 개인의 행동변화를 수반하는 제반 활동들에 초점을 둔다. 이는 곧 조직에서 실시하는 각종 학습과정을 통해 구성원들의 행동을 바람직한 방향으로 바꾸어 나갈 수 있음을 뜻한다. 이와 관련한 개념이 바로 강화이다.

강화수단들은 단독으로 사용될 수도 있지만 둘 이상을 혼용할수도 있다. 예를 들어 긍정적 강화는 벌과 함께 사용하면 더욱 효과적이다.

강화(reinforcement)란 구성원의 행동을 변화시키는 기제(도구)를 의미한다. 조직에서 흔히 사용되는 강화도구에는 긍정적 강화, 부정적 강화, 벌, 소거 등이 있으며, 이들 강화도구는 개인에게 강화물(유리한 보상과 불리한 내용)을 각각 부여하거나 제거하는 방식으로 구성된다. 긍정적 강화(positive reinforcement)는 구성원에게 유리한 보상(예 : 금전적 인센티브 등)을 부여하는 방식이며, 부정적 강화(negative reinforcement)는 구성원에게 불리한 내용이나 자극을 제거해 주는 방식의 강화를 일컫는다. (예 : 위생조건 개선, 책임추궁 면제 등) 소거(extinction)는 기존에 구성원들에게 주어졌던 이익이나 혜택을 제거하는 것이며(예 : 저성과자에게 명절상여금 미지급), 벌(punishment)은 구성원들이 받기 꺼려하는 반대급부(예 : 처벌 및 제재 규정)를 지급하는 것이다. 이상의 4가지 강화수단 가운데 긍정적 강화와 부정적 강화는 바람직한 행동을 유도할 때 사용되며, 소거 및 벌은 원치 않는 행동을 줄일 때 사용된다.

[표 2-1] 강화전략의 유형

	행위자가 선호하는 결과물	행위자가 싫어하는 결과물
부여	긍정적 강화(적극적 강화, 賞)	벌
제거	소거	부정적 강화(소극적 강화)

II. 동기부여의 원리

토지 · 자본 · 노동은 전통적으로 생산의 3요소로 알려져 있다. 이 세 요소 가운데 토지와 자본과 같은 물적 요소에 비해 노동으로 대표되는 인적 요소가 가지는 가장 큰 특징 중 하나는 그 가치가 일관적이지 않다는 것이다. 토지와 자본은 시장가격이라는 일정한 활용가치를 가진다. 하지만 사람은 그 지적 능력(지능, IQ)과 체력이 일정하게 유지된다 하더라도 기분에 따라, 그리고 분위기에 따라 열심히 일할 수도 있고 그렇지 않을 수도 있다. 따라서 인사조직론의 주된 관심사 중 하나는 어떻게 하면 구성원들이 더욱 열심히 자신의 실력을 발휘할 수 있도록 여건을 조성해 줄 것인가에 있으며, 이를 지칭하는 용어가 바로 동기부여이다.

일반적으로 **동기부여**(motivation)는 '목표달성'이라는 특정한 방향을 위해 한 개인의 노력이 발휘되고 지속되는 과정을 의미한다[11]. '동기'는 사람의 행동이 발현되기까지의 심리적 상태를 뜻하므로 행동의 유형에 따라 작업동기, 운동동기, 애정동기 등의 여러 유형으로 구분할 수 있으며 이 책에서는 직장에서의 작업동기에 초점을 둔다. 이하에서는 동기부여의 주요 이론들을 그 원리에 따라 욕구중심의 동기부여, 사고과정 중심의 동기부여, 업무내용 중심의 동기부여 등으로 나누어 살펴본다[12].

동기부여
(motivation)
= 노력(강도)
\+ 방향성(목표)
\+ 지속성(기간)

1. 욕구중심의 동기부여 : 매슬로우

욕구(needs)란 사람이 무엇인가를 충족하거나 누리고자 하는 심리상태를 뜻한다. 동기부여 이론형성 초창기의 학자들은 주로 이 욕구충족에의 욕망을 동기부여의 원천으로 보았다. 욕구이론의 대표적 학자인 **매슬로우**(Maslow)는 사람이 가지는 기본적 욕구를 모두 다섯 가지로 분류하였는데, 그 내용은 다음과 같다[13].

매슬로우
(Maslow, A)

- 생리적(physiological) 욕구 : 이는 식욕, 성욕, 수면욕, 배설욕 등 인간의 본능에 해당하는 욕구를 의미한다. 이들은 인간에게 가장 처음 등장하는 욕구로서 다른 욕구들에 비해 그 정도가 매우 강력하다.
- 안전(safety) 욕구 : 이는 신체적 위협이나 정서적 위해로부터 스스로를 보호하고 안전한 상태를 원하는 욕구를 의미한다. 이는 안정적인 직업에 대한 선호나 저축 및 보험가입행동 등으로 드러난다.

- 사회적(social) 욕구 : 이는 타인과의 원활한 상호작용과 집단에의 소속감, 타인으로부터의 수용(acceptance)과 우정 및 애정에 대한 욕구를 의미한다. 기본적으로 사람은 혼자 일하는 것보다는 여럿이서 어울리는 것을 선호하는 경우가 많으며, 쉽게 외로움을 탄다는 점에서도 이 욕구의 존재를 확인할 수 있다.
- 존경(esteem) 욕구 : 이는 자존심을 유지하고 주위로부터 인정을 받으며, 목표를 달성했을 때 개인적으로 느끼는 성취욕구를 의미한다. 타인이 자신을 중요한 사람으로 여기는 경우 존경욕구가 충족된다고 볼 수 있다.
- 자아실현(self-actualization) 욕구 : 이는 개인적 성장과 잠재력의 실현을 추구하는 것으로서, 진정으로 원하는 바를 이룰 수 있게끔 추동하는 욕구를 의미한다.

일반적으로 욕구들은 이를 가지지 못할 경우(결핍 時) 인간의 행동을 지배하게 된다. 여기서 '지배'라는 말은 이를 충족시키기 위해 노력을 기울인다는 것이다. 즉 배가 고프면 이를 해소하기 위한 행동을 하게 되고, 외로운 경우 사람을 만나려 한다. 이러한 노력을 통해 결핍된 욕구가 충족될 경우, 그 다음 단계의 욕구가 등장하여 사람의 행동을 지배(즉 동기부여)한다. 즉 기본적 생계에 대한 고민이 해결되고 나면 더 나은 주거환경을 얻고자 노력하게 되고, 이것이 충족되고 나면 주변사람들과의 관계 속에서 편안함을 느끼고자 노력하게 된다. 경제적으로도 안정되고 인간관계에서

[그림 2-3] **욕구의 출현과 강도**

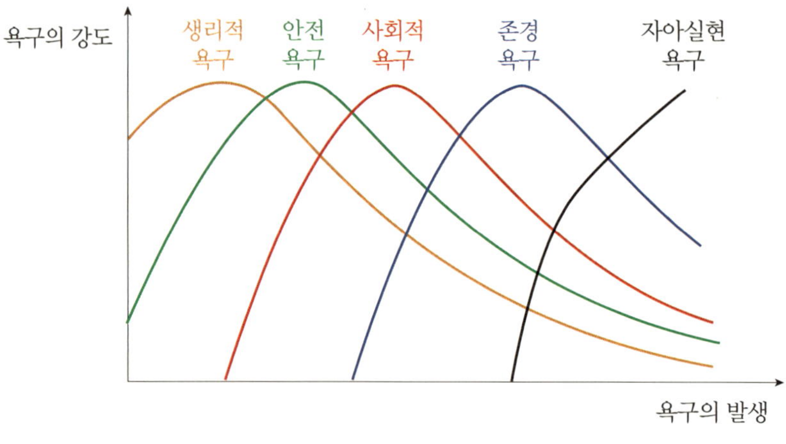

출처 : 박경규(2014), p.106

부러울 것이 없어지고 나면 타인들로부터 존경을 받기 위해 조직 내에서 승진이나 높은 자리에 집착하게 된다. 매슬로우 이론을 통해 우리는 인간의 욕구에는 여러 가지가 있으며 여기에는 각각의 우선순위가 있으므로 구성원의 동기부여를 위해서는 욕구의 개인차를 고려할 필요가 있다는 점을 확인할 수 있다.

2. 사고과정 중심의 동기부여 : 브룸

브룸(Vroom)은 동기부여를 구성원의 머릿속 사고과정으로 파악하였다. 여기서 사고과정이란 생각의 연속적 흐름인데, 다음 사례를 통해 그 내용을 자세히 살펴보자.

브룸(Vroom, V)

어머니께서 아들에게 "내일로 다가온 중간고사에서 수학 95점을 맞는다면, 놀이공원에 데리고 가겠다"는 약속을 하였다. 아들은 과연 내일의 시험을 위해 공부를 열심히 할 것인가?

아들이 충분히 동기부여된다면 오늘 밤 열심히 공부를 할 것이다. 여기서 브룸에 따르면 아들은 공부에 임하기 전에 다음의 몇 가지 질문을 스스로에게 던질 수 있다.

첫째, 나는 오늘 밤의 노력을 통해 수학에서 95점을 맞을 수 있을 것인가?

둘째, 내가 수학에서 95점을 맞는다면 어머니가 나를 놀이공원에 데리고 갈 것인가?

셋째, 나는 놀이공원에 가고 싶은가?

위의 세 가지 질문 모두에 '그렇다(yes)' 라고 응답할 수 있어야 비로로 아들은 공부를 열심히 할 것이라는 것이 브룸의 주장이다. 첫째 요소는 기대(Expectancy)라고 불리는데, 이는 특정 행위나 노력이 특정한 결과나 업적으로 이어질 것이라는 가능성에 대한 믿음을 뜻한다. 둘째 요소는 수단성(Instrumentality)이며, 이는 노력의 산물로서 형성된 결과 또는 업적에 대하여 보상이 주어질 것으로 믿을 수 있는 정도를 의미한다. 셋째 요소는 유의성(Valence)이며, 이는 주어진 보상에 대한 개인의 선호도나 중요성, 또는 개인적으로 느끼는 가치를 의미한다. 브룸에 의하면 기대와 수단성, 그리고 유의성이 모두 높은 값을 가질 때 비로소 동기부여가 된다고 한다. 즉, 동기는 기대, 수단성, 유의성의 곱이다.

[그림 2-4] 브룸의 기대이론 모형

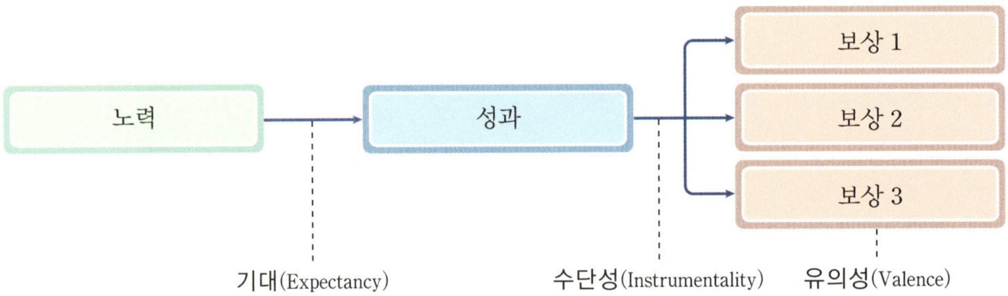

동기부여 = 기대 × 수단성 × 유의성

브룸에 따르면 구성원들의 동기부여를 위해서 조직은 구성원의 수준에 맞는 과업을 부여해야 하고(기대 측면), 성과 달성시 약속한 보상을 반드시 이행해야 하며(수단성 측면), 구성원들이 평소에 선호하고 또 원하는 보상을 제공해야 한다(유의성 측면).

3. 업무내용 중심의 동기부여 : 허쯔버그

앞서 개인의 욕구와 인간의 사고과정이 동기유발에 어떤 영향을 미치는지 살펴보았는데, 사실 이 책을 읽는 독자 여러분들께 한 가지 질문을 던지고자 한다. 이 책이 재미있어서 읽는가, 아니면 어떤 필요에 의해 읽는가? 순수하게 재미와 흥미로 읽는 사람보다는 업무상 필요나 시험준비상의 목적 때문에 읽는 경우가 많을 것이다. 그렇다면 한 가지 질문을 더 하겠다. 이 책을 자발적으로 읽게 만들려면 내가 이 책을 어떤 방식으로 구성해야 할까? 당연히 보다 재미있고 흥미로운 사례를 많이 넣고 문장도 딱딱하지 않고 부드럽게 서술하며 어려운 용어를 쉽게 풀어써야 할 것이다. 이상의 질문들을 통해 우리는 우리 스스로의 의지나 욕구 및 사고과정도 중요하지만, 우리가 담당하고 있거나 해야하는 일, 직무 자체의 내용도 우리의 동기형성에 중요한 영향을 미친다는 점을 확인할 수 있다.

허쯔버그
(Herzberg, F)

이러한 점에서 동기에 영향을 미치는 업무내용에 대한 연구를 수행한 사람이 바로 **허쯔버그**(Herzberg)이다. 그는 구성원이 느끼는 만족감과 불만족의 원인을 추적조사하던 과정에서 만족과 불만족의 원인이 다를 수 있음을 발견하였다. 사실 이것은 매우 큰 발견이다. 만약 만족의 반대가 불만족이라면 만족과 불만족은 모두 공통원인(common cause)에 의해 발생하기 때문이다[14]. 허쯔버그는 여러 기업체에서의 설문을 통해 언제 만족감을 느끼고 언제 불만족을 느끼는지 원인조사를 실시하였고, 그 결과는 [그림 2-5]와 같았다. 직무동기를 유발하고 만족도를 증진시키는 업무상 요인(동기요인, motivator)으로서는 성취감, 상사나 동료로부터의 인정, 일 그 자체, 직무에 대한 책임[15], 성장과 발전 등이 있었고, 미충족시 직무불만족을 유발하는 요인(위생요인, hygiene factor)으로는 회사의 정책이나 관리규정, 감독행위, 임금, 물리적 작업조건(사무실의 배치나 채광상태 등), 동료와의 관계 등이 있었다[16].

기존에는 종업원의 낮은 업무몰입이나 불만족의 원인을 개인적 특징(예 : 성격, 태도, 정서) 탓으로 돌렸지만, 허쯔버그의 영향으로 인하여 현대 인사조직론에서는 직무(동기요인의 측면)와 작업환경(위생요인의 측면)에 초점을 두게 되었다. 동기요인의 측면에서 허쯔버그는 직무충실화(job enrichment)를 강조하였는데, 이는 작업자가 작업의 작업수행 전반에 걸쳐 개입하는 권한을 증대시킴으로써 그의 자율성을 증가시키고 책임을 늘리며 업무수행에 대하여 적극적으로 피드백을 제공함으로써 성과를 향상시키는 방법이다. 또한 위생요인의 측면에서는 불만을 야기하여 성과를 저하시킬 수 있는 요인들을 찾아내어 미연에 방지하는 것 역시 필요한데, 구체적으로는 출·퇴근 시간을 자유롭게 운영하는 유연근로시간제 등의 도입이 그 예가 된다.

[그림 2-5] 만족과 불만족의 원인

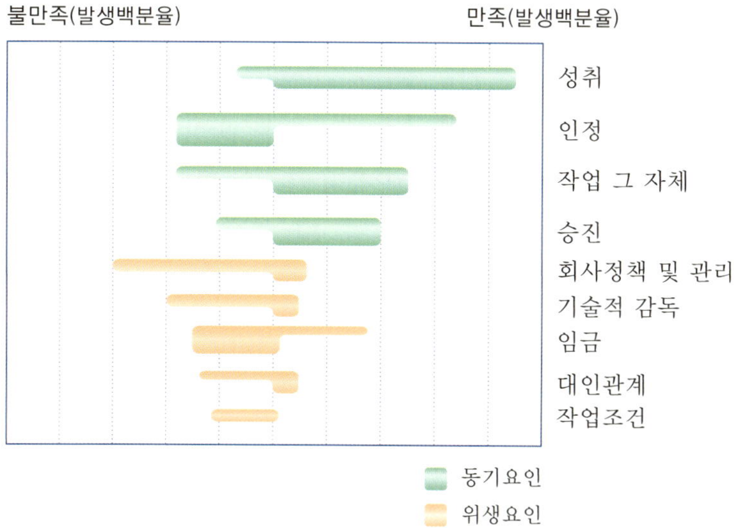

1) 임창희(2013), 『조직행동』(제5판), 서울 : 비앤엠북스, pp.65~69.

2) Watkins, L. M., & Johnston, L. (2000). Screening job applicants : The impact of physical attractiveness and application quality. *International Journal of Selection and Assessment*, 8(2), 76~84.
임창희(2007), "직장여성의 외모가 승진에 미치는 영향 : 자아존중감과 대인관계수준의 매개역할을 중심으로", 『경영학연구』, 36(3), pp.597~621.

3) 박경규(2014), 『조직행동』, 서울 : 홍문사

4) 다만 최근의 연구에서는 환경보다 유전적 요인이 성격에 미치는 영향이 더 크다는 결과가 발표되고 있음에 유의할 필요가 있다. 서로 떨어져 살았던 일란성 쌍둥이들의 성격간 유사도가 각 쌍둥이가 함께 살아왔던 이복형제자매들과의 성격유사도보다 더 크게 나타난 것이다.

5) Robbins, S. P., & Judge, T. A. (2015). *Organizational behavior* (16th ed.). Upper Saddle River, NJ : Prentice Hall.

6) Schneider, B. (1987). The people make the place. *Personnel Psychology*, 40, pp.437~453.

7) 감정과 기분 중 무엇의 지속성이 더 큰지에 관해서는 교과서마다 표현방식이 사뭇 다르다. Robbins와 Judge의 공저서(2015)에서는 감정(emotion)이 기분(mood)보다 더 짧은 기간동안 지속된다고 표현하고 있으나, 박경규(2014)에 따르면 감정이 기분보다 상대적으로 오래 지속된다고 한다.

8) Allen, N. J., & Meyer, J. P. (1990). The measurement and antecedents of affective, continuance and normative commitment to the organization. *Journal of Occupational Psychology*, 63(1), pp.1~18.

9) Colquitt, J. A., Scott, B. A., & LePine, J. A. (2007). Trust, trustworthiness, and trust propensity : A meta-analytic test of their unique relationships with risk taking and job performance. *Journal of Applied Psychology*, 92, pp.909~927.

10) Boss, R. W. (1978). Trust and managerial problem solving revisited, *Group and Organizational Studies*, 3, 331-342.
Thopmson, J. D. (1967). *Organizations in action*, NY : McGraw-Hill
Tyler, T. R., & Kramer, R. M. (1996). Whither trust? In Kramer, R. M. & Tyler, R. (eds.), *Trust in organization : Frontiers of theory and research*, Sage Pub., pp.1~15.
Shaw, J. D., Delery, J. E., Jenkins, D. G., & Gupta, N. (1998). An organizational-level analysis of voluntary and involuntary turnover, *Academy of Management Journal*, 41, pp.511~525.
Cook, J. & Wall, T. (1980). New work attitude measures of trust, organizational commitment and personal need non-fulfillment, *Journal of occupational psychology*, 53, pp.39~52.

11) Pinder, C. C. (2008). *Work motivation in organizational behavior*. Psychological Press.

12) Jex, S. M., & Britt, T. W. (2008). *Organizational psychology : A scientist-practitioner approach*. New York, NY : Wiley.

13) Maslow, A. H. (1970). *Motivation and personality*. New York, NY : Harper & Row.

14) 만약 만족과 불만족이 동일 원인의 유무에 따라 결정된다면 이들 두 개념은 반대속성이라 할 수있지만, 이들의 원인이 다르다면 이들은 반대속성을 가진다고 말할 수 없다.

15) 바로 이 점에서, 허즈버그의 2요인 이론은 동기유발을 위한 종업원의 책임감을 강조하는 직무설계방법인 직무확대(job enlargement)와 직무충실(job enrichment)에 대한 최초의 이론적 근거가 된다고 할 수 있다.

16) Herzberg, F., Mausner, B., & Snyderman, B. B. (1959). *The motivation to work*. John Wiley & Sons.

인사조직 들어가기

CHAPTER 3
팀과 부서에서의 인간행동

대부분의 사람들은 조직에 소속되어 있으며, 이들은 또한 거의 모든 경우 특정한 부서(department)나 팀(team)에 소속되어 있다. 회사에서는 재무팀, 인사팀, 총무팀, 기획팀 등등에, 정부에서는 기획재정부, 국방부, 환경부 등등에 속하는 것이 그 예이다. 제1장에서부터 살펴본 바와 같이 우리 모두는 조직에 속해 있다. 하지만 실제로 우리가 매일 매일 생활을 하는 직장공간의 상당부분은 조직차원이라기보다는 집단, 즉 부서나 팀 차원이 된다. 비록 같은 회사라 하더라도 다른 부서에 속한 사람을 만날 일이 거의 드문 반면에 같은 부서에 속한 사람과는 하루종일 긴밀하게 소통하는 경우가 많다. 이는 곧 집단(부서 · 팀)차원의 발생하는 여러 사건들이 우리의 행동에 일정한 영향을 미칠 수 있음을 의미한다. 바로 이 점에 주목하여 이 장에서는 우리 각자가 속해 있는 부서와 팀에 대하여 살펴본다.

CHAPTER 3

Ⅰ. 개인은 현명하지만 집단은 멍청하다? : 집단형성으로 얻는 이익과 손해

FUNDAMENTALS OF MANAGEMENT

여당과 야당간의 대립 속에 쟁점법안 처리가 또 무산되었다. 집권여당은 대통령의 핵심 국정과제를 조속히 처리하기 위해서 OO법률안의 통과가 중요하다고 주장한 반면, 야당은 대국민 설득이 부족하다는 이유로 법안처리에 반대한 것이다. 명분은 이렇지만 실상은 국회 내 감투를 둘러싼 기싸움이 국회 파행의 원인이라는 지적이 나오고 있다. 실제로 상반기 원구성을 앞두고 주요 상임위원장직을 어느 당이 맡을 것인지를 정하는 과정에서 의도적으로 특정 법안의 통과를 지연시키고 이를 물밑에서 자리를 주고받는 협상의 도구로 사용한다는 것이다.

우리가 흔히 볼 수 있는 뉴스의 한 대목이다. 분명 각자의 삶에서 나름 성공한 사람들, 사회적으로 신망받는 사람들이 모인 국회임에도 불구하고 잡음이 나지 않는 날이 거의 없다. 이를 보면 똑똑한 사람들을 모아놓은 집단이라 해서 늘 최선의 성과를 내는 것은 아닌 것 같다. 오히려 멍청해지는 것 같기도 하다. 왜 그럴까? 이 문제의 답을 찾기 위해서는 '집단'에 대한 이해가 필요하다.

1. 집단의 형성과정과 갈등의 역할

우리가 흔히 부서나 팀이라고 지칭하는 것을 인사조직론에서는 집단이라 부른다. **집단**(group)이란 특정한 목적을 달성하기 위해 지속적으로 상호작용하는 2인 이상 사람들의 집합체를 말한다. 이상의 정의로부터 다음과 같은 집단의 속성이 도출된다.

집단(group)

- 목표의 존재 : 모름지기 집단이라면, 그 존재의 이유가 있어야 한다. 대개의 집단은 특정한 성취를 이루기 위하여 형성되는 결사체라는 점에서, 목표는 집단을 규정짓는 가장 중요한 요소 중 하나가 된다.
- 구성원간의 상호작용 : 동일한 목표를 가지고 있다고 해도 구성원간 상호작용이 없다면 그러한 사람들의 집합을 집단이라고 할 수 없다. 동일한 비행기에 탄 승객들을 사회학적 의미에서의 집단이라고 볼 수 없는 것은 상호작용이 없기 때문이다.
- 비교적 장기간 지속되는 인간관계 : 구성원간의 상호작용이 있다고 해도 그 시간이 너무나 짧다면 이들은 집단의 구성원이라고 볼 수 없다. 주말에 클럽에 모인 젊은이들은 서로 대화도 나누고 춤도 함께 추지만 그 시간이 지나고 나면 더 이상의 상호작용이 이루어지는 경우가 드물다. 따라서 이들은 집단이 아니다.

관공서나 회사에서의 부서는 인위적으로 만들어지는 공식집단(formal group)이지만, 회사 내의 동아리나 온라인 커뮤니티(소모임)는 자연발생적으로 만들어지는 비공식집단(informal group)이다. **터크만**(Tuckman)에 따르면 우리가 소속된 대부분의 집단은 공식집단이든 비공식집단이든 다음 다섯 단계의 형성과정을 거쳐 만들어지고 또 소멸된다[1]. 형성기(forming)는 구성원들이 상당한 불확실성 하에서 서로에 대해 조금씩 알아가는 단계이며, 혼란기(storming)에서는 집단의 목표와 역할분담 등에 대한 전반적인 합의가 이루어지지만 의사소통이나 업무수행의 방법 및 절차 또는 집단의 주도권과 계층관계 등에 대한 갈등과 대립이 나타나는 단계이다. 규범화(norming) 단계에서는 혼란기에서 발생한 갈등을 극복하고 해결하는 과정에서 집단의 정체성과 동지애가 강해지며 조직체계 및 구조가 확립되어 문제해결이 원활해지며, 수행/성취기(performing)에서는 집단 구성원들이 공동의 목표 수행을 위해 각자에게 부여된 역할에 따라 임무를 다하고 집단의 에너지가 과업의 수행 및 성취를 위해 집중되는 단계이다. 마지막 단계는 해체기(adjourning)이다. 영구적으로 존속하는 집단이 아닌 경우에는 기존의 과업활동을 마무리하고 집단 구성원들간의 관계를 정리하는 해체 단계가 필요하다.

터크만 (Tuckman, B)

[그림 3-1] 집단의 발달과정

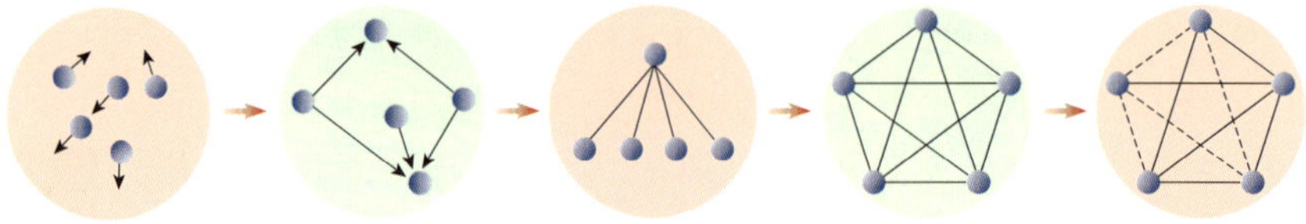

여기서 한 가지 특기할 만한 사항은 집단이 발달하는 과정에서 필수적인 절차 중 하나로 혼란 내지는 갈등이 개입한다는 점이다. 우리는 상식적으로 갈등은 나쁜 것이고 적을수록 좋다는 생각을 하는 경우가 많은데, 학자들은 조금 다르게 생각하는 것이다. 우리 스스로를 돌아보면 갈등이 반드시 나쁜 역할만 하는 것은 아니라는 사실을 깨달을 수 있다. 남녀관계를 보아도 전혀 싸우지 않는 연인이나 부부는 없다. 티격태격하는 과정에서 상대방의 성격이나 취향 또는 콤플렉스 같은 것들을 알아간다. 이렇게 축적된 지식은 향후 상대와의 인간관계를 유지해 가는데 도움이 된다. 중·고교 시절 친구들과의 관계도 그렇다. 싸우고 나면 대부분 친해진다. "비 온 뒤 땅이 굳는다"는 옛 속담이 그냥 나온 것이 아니다. 따라서 최근의 학자들은 갈등의 순기능을 점차 인정하고 있다[2]. 즉 조직구성원들의 내부 결속을 해칠 만큼의 지나친 갈등은 결코 바람직하지 않지만, 너무나 정적이고 냉담하며 변화와 혁신의 필요성에 대해 무감각할 정도의 안정상태도 집단성과달성에 도움이 되지 않는다는 것이다. 따라서 조직의 생동감 유지, 자기비판과 반성, 창조적 아이디어 형성에 기여가능한 수준의 갈등은 오히려 장려될 필요가 있는 것이다.

갈등수준과 집단 성과

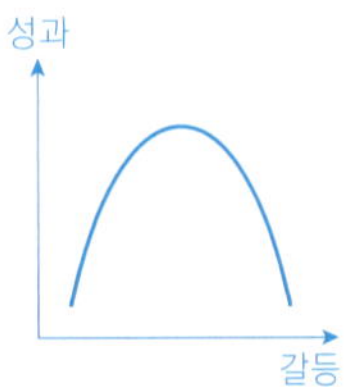

2. 커뮤니케이션의 장애요인과 극복방안

상사에게 보고하는 것, 동료들과 회의하는 것, 가족과 밥상에 둘러앉아 하루를 돌아보며 대화하는 것 등은 모두 의사소통, 즉 커뮤니케이션(communication)이다. 활발한 커뮤니케이션은 타인과의 원만한 관계 유지를 위하여 필수적이라 할 수 있다. 그러나 일상생활에서 많은 경우 우리는 사소한 오해나 실수로 다른 사람과의 관계가 악화되는 경우를 종종 경험한다. 생각보다 타인과의 소통이 쉽지만은 않은 것이다.

[그림 3-2] **의사소통의 과정**

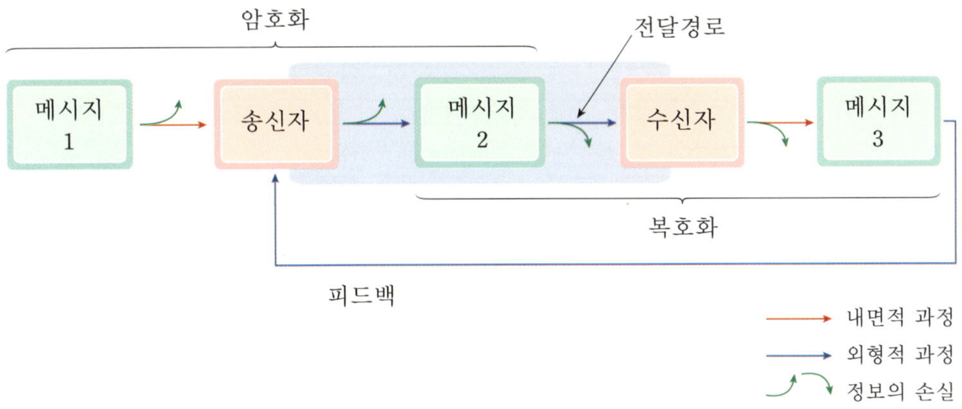

[그림 3-2]는 의사소통이 이루어지는 과정을 도식화한 것이다. 이야기를 하는 사람(송신자)가 자신이 하고 싶은 말(메시지1)을 표현(메시지2)하면 이를 듣는 사람(수신자)이 자신의 배경지식을 활용하여 해석(메시지3)한다. 송신자가 메시지를 표현하는 과정을 암호화(encoding)이라 하며, 메시지의 표현을 '암호'라 부르는 까닭은 머릿속 생각이 언어의 형태로 변환되기 때문이다. 전달된 메시지를 수신자가 해석하는 과정을 복호화(decoding)이라 하며, 전달된 메시지를 수신자가 나름의 방식으로 재해석하기 때문에 '암호해독'이라고도 부른다. 수신자가 송신자의 이야기를 제대로 알아들었다면 적절한 피드백(반응)을 제공할 수 있다.

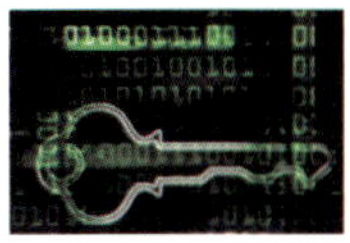

이러한 커뮤니케이션의 과정에서 두 사람이 활용하는 소통수단을 경로(channel)라 한다. 대면접촉, 전화, 모바일 메신저(카카오톡 등), 이메일, 편지, 공문서 등은 모두 소통의 경로이다. 한 가지 분명한 사실은 대면접촉에 비해 나머지 소통수단의 경우 오해의 가능성이 크다는 것이다. 연인간에 트러블이 생겼을 때 얼굴을 보고 이야기하는 것과 전화로만 이야기하는 경우를 비교해보면 잘 알 수 있다. 이처럼 어떤 방식으로 소통하는지가 중요한 까닭은 소통수단의 유형에 따라 전달가능한 정보의 양과 질이 다르기 때문이다. 이를 전문용어로 **경로풍부성**(channel richness)이라 한다. 앞서 언급한 각종 커뮤니케이션 수단들을 경로풍부성의 크기에 따라 나열하면 다음과 같다.

경로풍부성
특정한 경로를 사용하는 커뮤니케이션에서 전달 가능한 정보의 양과 질

대면접촉 > 전화 > 모바일 메신저 > 이메일 · 편지 > 공문서

경로풍부성이 낮은 소통수단을 사용할수록 송신자가 의도한 내용이 제대로 전달되지 않을 가능성이 커진다. 이를 정보손실(information loss)이라 하는데, 손실되는 정보량이 많을수록 커뮤니케이션상의 장애가 빈번하게 발생하게 된다. 정보의 손실을 야기하는 커뮤니케이션의 장애요인으로는 듣고싶은 말만 골라 듣는 여과(filtering), 각종 오해나 편견, 한꺼번에 너무 많은 정보량이 주어지는 경우(information overload), 수신자의 지적수준을 넘어서는 어려운 메시지의 전달, 각자 느끼는 감정과 정서상태의 차이, 남성과 여성의 성차, 문화적 차이[3], 거짓말 등이 있다. 이들 내용 중 일부를 구체적으로 살펴보면 다음과 같다.

- 필터링(filtering)과 선택적 지각 : 필터링(여과)은 수신자가 더욱 유리하게 볼 수 있도록 하기 위해 전달자가 의도적으로 정보를 조작하는 현상이다. 상사가 듣고 싶어 한다고 생각하는 것을 보고하는 것이 그 예이다. 반대로 자신이 정보를 받아들이는 입장에 있을 때에도 자신의 입맛에 맞는 것만 기억하는 선택적 오류를 범할 수 있다.
- 정보 과중 : 개인의 정보처리능력은 제한되어 있다. 다루어야 할 정보가 이 능력을 초과할 때에는 일부 정보를 무시하고 그냥 넘기거나 잊어버리는 경향이 있다. 이는 정보의 손실을 초래하는 중요한 문제이다.
- 정서 : 기쁨과 같은 긍정적 정서와 분노와 같은 부정적 정서는 종종 객관적인 사고과정을 압도하여 결과적으로 효과적인 커뮤니케이션을 방해하는 경향이 있다.
- 언어 : 공식적으로 사용해야 하는 언어가 있음에도 불구하고 각자 사용하는 약어나 용어, 속어 등은 다를 수 있으며, 이는 결과적으로 소통의 오류를 초래한다.
- 거짓말 : 효과적 커뮤니케이션을 방해하는 최종장벽은 노골적으로 잘못되거나 거짓 정보를 전달하는 것이다. 실수를 은폐하거나 좋은 인상을 유지하기 위해 종종 사람들은 거짓말을 한다.

조직과 부서 수준에서 이상의 소통오류를 줄이기 위해서는 가급적 오해의 소지가 적은 소통경로를 확보할 필요가 있으며, 소통의 빈도를 높여 서로에 대한 이해의 폭을 넓혀야 한다. 구체적인 상황별로 소통오류를 줄이는데 도움이 되는 방안들을 소개한다.

- 정보과중으로 인한 오해를 줄이기 위해서는 상대방의 흥미와 관심을 끌 수 있도록 예외적이고 중요한 일을 먼저 선별한 뒤 우선순위(priority)를 정하여 순차적으로 정보가 전달되게끔 하는 것이 중요하다.
- 상사와 부하간 계층차이로 인한 오해를 줄이기 위해서는 우선 구성원

들이 상급자에게 **신뢰**(trust)를 가질 수 있도록 해야 한다. 이를 위해서는 부하 직원에 사적 감정을 담아 대하거나 불공정한 방식의 처우를 하지 않아야 하며, 계급·계층에 신경쓰지 않고 격의없는 소통의 기회를 구성원들에게 부여하는 것이 필요하다.

- 경청하는 자세와 적극적 피드백을 통해 각종 편견과 지각오류의 개입을 줄이도록 노력할 필요가 있다. 이 과정에서 필요한 기술이 바로 적극적 경청(active listening)이다. 이는 수동적으로 내용을 듣는 것이 아니라 대화 내용에 대한 예상도 하고 중간중간에 말하는 이에게 피드백(또는 리액션)을 하면서 상대방의 입장에서 공감하려고 노력하는 듣기 방식을 뜻한다.

신뢰 형성을 위해서는 상대방에게나 자신이 업무수행에 충분한 능력을 갖고 있음을 어필하는 동시에, 약속한 바를 반드시 지킨다는 사실을 행동으로 보여주어야 한다.

3. 구성원의 수와 업무성과간의 관계[4)]

한 연구에 따르면 업무성과를 높이는데 가장 효과적인 부서의 규모는 구성원 숫자가 3~13명인 경우라 한다. 이는 구성원의 수, 즉 규모(size)가 너무 작아도 문제지만 너무 커도 성과가 감소할 수 있음을 뜻한다. 구성원의 수가 많은 대규모 집단에서는 가용한 인적자원의 수가 많으므로 우수한 인재의 비율이 증가할 가능성이 높고, 전문성이 있는 구성원들간에 업무의 분업을 통하여 효율성을 달성할 수 있다는 점에서 소규모 집단보다 문제해결능력과 성과가 우수한 경우가 많다. 그러나 주어진 과업의 완성 속도의 측면에서는 소규모 집단이 더욱 유리한데, 그 이유는 상대적으로 소수의 인원으로 구성되는 경우 이들 간 긴밀한 상호작용을 통한 동기부여와 업무몰입의 가능성이 더 높기 때문이다.

실제로 빠른 업무처리를 위해서는 소수의 유능한 인재들이 함께 협업하는 것이 낫다.

실제로 규모의 효과는 부서나 팀이 수행하는 과업의 특성에 따라 달라진다. 구성원 각자가 수행한 과업결과의 합(sum)이 곧 집단성과가 되는 부가적(additive) 과업의 경우에는 규모가 성과에 비례한다고 볼 수 있다. 자동차 영업지점의 성과는 개별 영업사원들이 올린 실적을 합하는 것과 같은데, 이는 영업성과가 바로 부가적 과업이기 때문이다. 최고의 성과를 올린 개인(또는 소수)의 성과가 곧 집단성과가 되는 우수자(disjunctive) 결정과업의 경우에는 집단 내 우수인재의 비율이 성과에 영향을 준다고 볼 수 있다. 따라서 이 경우 집단규모의 증가는 우수인재가 집단에 포함될 가능성을 높이므로 성과와 관련이 있다고 볼 수 있다. 실제 연구개발 실적이 중요한 미국 실리콘밸리의 하이테크 기업들은 상당한 수의 엔지니어들을 고용하고 있다. 반면 최저 성과를 기록한 개인의 성과가 집단의 성과를 결정짓는 열위자(conjunctive) 결정과업의 경우에는 규모가 증가할수록 저성과자가 집단

우리나라의 삼성전자 역시 수천명이 넘는 엔지니어들을 고용하고 있다.

에 포함될 가능성이 커지므로 규모가 커질수록 집단성과가 저하될 가능성이 크다. 순차적으로 작업이 진행되는 조립공장의 생산라인을 생각해 보면, 중간에 한 명의 조립속도가 느려질 경우 전체 작업속도가 떨어질 수 있다. 이 경우에는 저성과자가 팀 전체의 업무성과를 좌우하게 된다.

링겔만 효과(Ringelmann effect) 집단크기가 점차 증가함에 따라 집단의 효율성이 떨어지는 현상

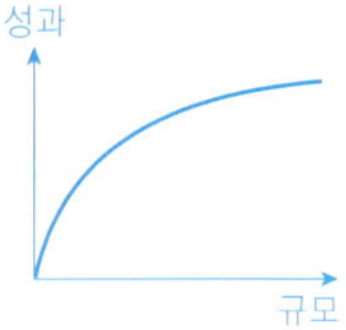

한편, 개인은 혼자 일할 때보다 여럿이서 함께 일할 때 노력의 투입량을 줄이는 경향이 있는데 이를 **사회적 태만**(social loafing)이라 한다. 이론상으로는 구성원 숫자가 두 배 늘어나면 업무량도 두 배 더 많아질 것 같은데, 실제로는 그렇지 않다는 의미이다. 이러한 현상이 발생하는 주된 이유는 집단적 노력의 결과(성과)가 구성원 개인들이 투입하는 노력의 크기와 비례하지 않는 경우가 많기에 무임승차자(free-rider)가 발생하기 때문이다. 이러한 무임승차 현상을 방지하기 위해서는 철저한 분업을 통해 책임소재를 분명하게 하고, 개인별 성과를 측정하여 비교할 수 있게 만들 필요가 있다. 또한 애초부터 근무의욕이 높은 사람을 선발하거나 권한과 책임을 충분히 부여하여 업무를 수행하는 과정에서 흥미와 동기가 유발되도록 하는 것도 대안이 된다.

4. 의사결정의 과정과 주의사항

여러 사람이 모인 집단에서 가장 어렵고도 중요한 일 중 하나는 여러 사람들의 견해를 하나로 모으는 일, 즉 의사결정일 것이다. 일반적으로 의사결정(decision making)이란 복수의 대안들 중에서 최적이라 여겨지는 것을 선택하는 과정을 일컫는다. 의사결정의 과정은 문제의 인식과 진단, 목표의 설정, 대안의 개발, 대안의 분석과 평가, 대안의 선택과 실행 등의 단계로 구분된다[5].

- 문제의 인식 · 정의 · 진단 : 의사결정의 출발점은 무엇을 해결해야 하는지, 즉 문제(problem)가 무엇인지 명확화 하는 것이다. 관리자 혹은 의사결정자는 조직에 어떤 문제의 기미가 있다고 판단될 경우 그 문제의 내용과 상황을 확인하기 위해 정확하고 충분한 정보를 수집해 분석해야 하며, 그러한 분석에 입각해서 문제를 정의해야 한다. 이 과정에서는 여러 전문가들의 경험과 지식 및 분석을 동원해 최대한 객관적으로 문제를 정의할 수 있도록 해야 할 것이다.
- 목표의 설정 : 문제를 정의했다면 현재의 그 문제와 상태를 앞으로 어떤 바람직한 상태로 변화시킬 것인지에 대한 구상이 필요하다. 예를 들어 올해의 매출이 전년도보다 감소한 것에 대하여 내년도 의사결정의 목표(goal)를 매출의 증가에 둘 수도 있고 비용의 절감에 둘 수도 있

을 것이다. 목표를 어디에 두느냐에 따라 대안의 개발과 평가와 선택이 달라진다. **로크**(Locke)에 따르면 좋은 목표, 즉 구체적이면서도 현실적이며 쉽지도 어렵지도 않은 적당한 수준의 난이도를 갖추었고 구성원들이 그 목표에 대해 충분히 합의할 수 있는 목표를 설정하는 경우에는 집단구성원들의 동기가 유발되는 동시에 업무성과의 향상도 기대할 수 있다고 한다[6].

로크(Locke, E)

- 대안의 개발 : 목표를 설정한 다음에는 그 목표를 달성하기 위해 필요한 대안이 무엇인가를 생각하고 개발해야 한다. 대안(alternative)이란 어떤 문제의 해결이나 목표 달성을 위한 방안을 말한다. 조직에서 늘 빈번하게 발생하는 일상적 문제 해결을 위한 대안의 구상과 작성은 기존의 선례와 규정에 따라서 비교적 쉽고 간단하게 할 수 있는 것도 있지만, 새롭고 중대한 문제의 해결을 위한 대안의 개발과 구상은 매우 어렵고 복잡한 것이다. 또한 대안은 복수로 개발할 필요가 있다. 각각의 대안들은 대개 상대적인 장점과 단점을 갖기 때문이다. 따라서 관련된 이해관계자 모두가 대안개발에 참여하는 것이 바람직하다.
- 대안의 분석과 평가 : 개발되어 제시된 대안들은 그 상대적 가치와 장점 및 단점들이 모두 분석되고 평가되어야 한다. 이러한 분석과 평가의 목적은 의사결정자가 대안을 선택하는데 도움이 될 수 있는 정보를 확인하는데 있다. 제시된 각 대안들이 문제 해결을 위해 설정한 목표에 적합하고 유용한 수단인지, 예상되는 성과 및 효과는 무엇인지, 그리고 실행가능성이 있는지 등을 검토할 필요가 있는 것이다. 이 과정에서는 각종 계량적 · 비계량적 분석기법이 사용될 수 있다. 원칙적으로 대안의 검토 과정에서는 다양한 정보와 평가기준이 동원될 필요가 있다. 그러나 **사이먼**(Simon)에 따르면 인간의 인지능력에는 제한이 있어 최적의사결정을 위한 모든 정보의 이해와 활용이 사실상 불가능하다. 최근의 격심한 경영환경 변화와 각종 시간제약 및 수많은 고려사항 등은 의사결정자들로 하여금 합리적인 판단의 과정을 따르기 어렵게 한다. 따라서 사이먼에 따르면 대부분의 경우에 의사결정은 최적화(optimization)보다는 인간이 이해할 수 있는 범위 내에서 의사결정자가 만족(satisfy)하는 수준으로 결정된다. 이를 제한된 합리성(bounded rationality)에 입각한 의사결정이라 부른다[7].

사이먼(Simon, H)

- 대안의 선택과 실행 : 둘 이상의 대안 중에서 상대적으로 장점이 큰 대안, 즉 문제 해결에의 적합성이 높고 충분한 성과를 기대할 수 있는 대안을 선택할 필요가 있다. 대안의 선택 과정에서는 하나의 단독적 주체에 의한 선택이 아닌 여러 의사결정 참여자들간의 연합(coalition)에 의해 선택이 이루어지는 경우가 많다. 목표가 여러 가지거나, 각각의

대안에 대하여 일관된 합의가 도출되기 어려운 경우에는 다수 구성원들이 지지하는 대안이 채택되는 것이다. 의사결정자가 선택한 대안은 구체적인 실행계획(action plan)에 따라 집행되어야 한다.

이상의 의사결정 과정은 매우 타당하고 또 당연한 것처럼 보인다. 그러나 현실에서의 의사결정을 보면 여기서 살펴본 것과는 다른 양상이 관찰된다. 주요 공공시설물의 입지선정, 경제적으로 큰 영향이 예상되는 외국과의 무역협정, 나라의 미래를 좌우할 정치지도자를 뽑는 선거행위 등을 차분히 지켜보자면 논리적으로 납득이 가지 않는 측면이 매우 많다. 이처럼 의사결정과정에서의 혼란이 초래되는 이유를 학자들은 다음의 세 가지로 압축한다[8]. 첫째, 우선 순위 자체가 애매한 경우가 많다(problematic preference). 이는 목표, 문제, 대안 및 해결방안 등이 분명하지 않다는 것이다. 따라서 의사결정 과정의 각 단계를 밟으려 해도 명확한 것이 거의 없기에 극도로 모호한 상태에 놓이게 된다. 둘째, 문제해결에 대한 지식과 경험이 부족하다(unclear, poorly understood technology). 의사결정 참여자들은 문제의 인과관계를 명확히 밝히는데 어려움을 겪는다. 그리고 의사결정에 활용할 구체적인 근거자료를 얻기도 힘들다. 셋째, 의사결정자들이 계속 바뀐다(fluid participants). 정기적으로 진행되는 인사발령 때문에 담당자의 직무가 주기적으로 바뀌므로 주어진 문제를 결정하는데 책임져야 할 사람이 정해져 있지도 않으며 그 범위 역시 제한적이다.

이처럼 비논리적이고 혼란스러운 의사결정을 무정부적 의사결정 또는 쓰레기통 의사결정이라 부르기도 한다.

심지어 어떤 경우에는 집단구성원들이 일종의 자기최면에 빠져 대안적인 의견(예 : 보기 드문 견해, 소수의 입장, 비대중적인 의견)에 대하여 비판적이고 심도있는 평가를 행하지 못하는 현상이 발생하기도 한다. 이를 **재니스**(Janis)는 집단사고(groupthink)라 명명했다. 집단사고는 우리 집단이 도덕적으로 우월하고 역량도 강하다는 근거없는 믿음을 가지거나, 상대 집단에 대한 부정적인 고정관념에 사로잡혀 있을 때 발생하기 쉽다. 집단사고가 발생하는 경우 집단 내 주류 구성원은 다수의 견해에 조금이라도 의심을 표하거나 비판적인 사람들에게 직 · 간접적 압력을 행사하며, 그 결과 비주류 구성원들은 의심과 공격을 피하기 위해 침묵하게 되어 더욱 더 주류적 아이디어로의 쏠림현상이 발생하게 된다. 그 결과 비합리적인 의사결정과 성과의 저하가 나타난다. 다음의 사례를 살펴보자[9].

재니스(Janis, I)

2003년 2월 1일 임무를 마치고 지구에 귀환하기 위해 대기권에 진입하던 미국의 우주왕복선 컬럼비아호가 텍사스주 상공에서 폭발하여 승무원 7명이 전원 사망하는 사건이 있었다. 사고조사위원회가 밝힌 사고의 직접적 원인은 우주선 이륙 때 연료탱크에서 떨어져 나온 서류가방 크기의 단열재가 왼쪽 날개 일부에 구멍을 냈

고, 임무를 마친 우주선이 대기권에 진입할 때 이 구멍으로 고온의 플라스마가 들어와 폭발을 일으킨 것이다. 그러나 여러 학자들은 당시 미국항공우주국(NASA) 안에 팽배한 집단사고가 컬럼비아호 참사의 또 다른 원인이었음을 지적한다. NASA는 소수의 엘리트로 이뤄진 응집력 강한 조직이었으며, 리더들은 정해진 날짜에 우주선을 발사해야 한다는 압박 때문에 발사 연기를 불러올 '부정적 정보'를 듣지 않으려는 경향이 강했다. NASA 운영팀은 이미 수십 차례 우주선을 발사한 자기 조직의 역량을 과신하면서 사고 이전에 드러난 문제의 중요성을 무시했다. 컬럼비아호의 폭발을 부른 단열재 문제는 이미 이전에 애틀랜티스호를 발사할 때 드러난 것이었지만, NASA는 단열재 문제에 대해 "실험으로 검토해 봤으나 별 문제가 없을 것"이라고 결론을 내렸다. 물론 나중에 이 실험은 충분한 데이터가 뒷받침되지 못한 것으로 밝혀졌다. 또한 NASA는 이륙 때 떨어져 나온 단열재가 우주선 선체에 피해를 줬는지 알아보기 위해 천체망원경이나 첩보위성 사진을 이용하자는 일부 전문가들의 의견을 "말도 안 된다"며 일축했고, 이후 사고를 막을 대안의 모색도 하지 않았다. 결국 컬럼비아호는 참혹한 최후를 맞았다.

– 문권모(2008), "컬럼비아호 폭발과 집단사고", 수정인용

폭발하는 컬럼비아호

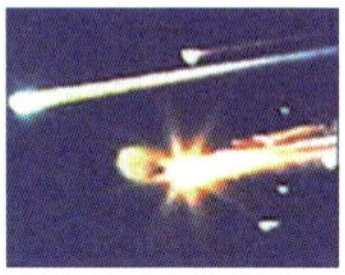

집단사고는 다수로 이뤄진 집단이 언제나 개인보다 합리적이고 올바른 결정을 내리는 것은 아니라는 사실을 알려준다. 따라서 집단사고는 여러 구성원들이 함께 의사결정하는 과정에서 반드시 극복되어야 하며, 이를 위해서는 주류적이지 않은 아이디어에 대해서도 구성원들이 열린 마음을 가질 수 있어야 한다. 집단사고의 극복방안으로 제안되는 몇 가지 기법들을 소개한다.

- 브레인스토밍(Brainstorming) : 이는 오스본(Osborn)에 의해 창안된 기법으로서, 다수 인원이 한 가지 문제를 두고 떠오르는 각종 생각을 자유롭게 무작위적으로 말한다. 이 과정에서 토론을 이끄는 리더와 아이디어를 정리하는 역할을 하는 사람이 필요하며, 개진된 의견에 대해서는 비판을 가하지 않는 것을 원칙으로 한다.
- 명목집단법(Nominal group Technique) : 이는 의사결정이 이루어지는 동안 구성원간의 대인 커뮤니케이션이 제한된 그야말로 명목적(nominal)인 임시집단을 구성하여 의사결정을 행하는 기법이다. 모임에 앞서 참여자들은 각자 주어진 문제에 대한 최적대안을 생각한 뒤, 함께 모여서는 자신의 대안과 아이디어를 무기명으로 제출하고 이를 함께 공유할 수 있도록 칠판에 적든지 아니면 내용을 함께 돌려 읽는다. 그 시점 이후부터 논의가 비로소 시작되며, 각 아이디어의 특징과 장단점 등을 살펴본다. 토론이 끝나면 최적대안에 대해 투표를 실시하여 대안을 확정한다.

'명목'적인 집단으로 불리는 까닭은 집단의 구성요건 중 하나인 '상호작용', 즉 대화를 차단하기 때문이다.

내년의 경제전망, 새로운 기술이 인류에 미칠 영향 등을 예측하는 과정에서 각종 언론사에서 실시하는 전문가 대상의 조사 등이 델파이법의 확장된 예라 할 수 있다.

- 델파이법(Delphi technique) : 이는 전문가들에 의해 서면상으로 이루어지는 일종의 무기명 토론방식으로서, 문제나 이슈에 대해 각 전문가들이 생각하는 바를 서면으로 제출하면 토론의 진행자는 이를 전문가 집단의 구성원 수만큼 인쇄하여 각 개인에게 회람시킨다. 각 전문가는 개별 의견에 대한 자신의 견해를 코멘트하고 이를 다시 토론 진행자에게 보낸다. 진행자는 코멘트된 종이를 다시 그 아이디어를 원래 낸 사람에게 보내고, 그는 자신의 생각을 수정하여 다시 진행자에게 제출한다. 이 과정을 최적의 대안이 도출될 때까지 반복한다.
- 변증법적 토의(Dialectical inquiry model) : 이는 소위 악마의 주장(devil's advocacy)라고도 불리는 방법으로서, 집단 구성원을 명시적으로 (때로는 암묵적으로) 대립되는 두 개의 편으로 나누어 토론하게 하는 기법이다. 정(正)-반(反)-합(合)으로 대표되는 헤겔(Hegel)의 변증법에서 아이디어를 차용하였으며, 각자의 역할이 미리 정해진 상태에서 토론이 진행되므로 상대의 주장을 보다 효과적이고 공격적으로 비판할 수 있다. 이 과정에서 어떤 대안이 덜 논리적인지, 어떤 대안이 더 설득력 있는지가 판명된다.

5. 팀워크와 다양성

흔히 팀워크라는 말을 자주 사용한다. 운동경기를 할 때도, 회사의 부서에서도, 정부 부처간에도 팀워크가 좋아야 성과가 난다는 말을 흔히 한다. 그런데 팀워크(teamwork)라는 말이 무엇을 뜻하는지 고민해 본 적이 있는가? 영문 그대로 해석하자면 팀워크는 부서, 즉 팀(team)과 업무, 즉 일(work)의 합성어이다. 혼자 일하는 것보다 팀 단위로 함께 일하는 경우의 성과가 더 좋다면 우리는 시너지가 존재한다고 말할 수 있다. 이처럼 함께 일했을때의 시너지, 즉 집단구성원 개인이 투입한 노력들의 합 이상의 추가적 기여를 창출하여 높은 수준의 성과를 낼 때 '팀워크'가 발휘된다고 정의한다.

팀워크가 좋은 팀
① 팀에 대한 좋은 태도
② 업무에 대한 피드백
③ 활발한 소통
④ 충분한 상호 지원
⑤ 이기심의 제어

각종 연구에 따르면 연구에 강한 팀워크를 가지는 팀은 몇 가지 특징을 가진다고 한다[10]. 첫째, 구성원들이 자신이 속한 팀에 대해 호의적이고 긍정적인 태도를 갖고 있다. 둘째, 구성원들이 다른 구성원을 위해서 자발적으로 방향을 제시하고 문제해결을 가이드하며, 각자의 업무수행과정을 관찰하고 서로에 대한 정보를 끊임없이 피드백해 준다. 셋째, 서로간의 커뮤니케이션이 활발하다. 넷째, 다른 팀 구성원들이 업무를 잘 할 수 있도록 지원을 아끼지 않는다. 다섯째, 팀 전체의 성과를 위해 각자의 이기적 행동을 제어할 수 있다.

팀워크 증진을 위해서는 팀의 다양성(diversity)에 대해서도 관심을 가질 필요가 있다. 여러 연구결과를 종합해 보면 다양한 인적자원으로 구성된 팀이 집단형성 초기에 발생가능한 갈등을 잘 극복할 수만 있다면 성과의 향상을 기대할 수 있다. 여기서 다양성이란 인구통계적 측면에서의 성별, 연령, 인종, 장애여부 뿐만 아니라 개인의 지적 배경이 되는 전공분야나 해당 분야에서의 업무경험 및 능력과 역량 등을 모두 포함한다. 특히 팀과 조직이 원활하게 운영되기 위해서는 일반적으로 다음 세 가지 유형의 능력이 필요하다고 한다[11]. 첫 번째는 과업을 수행하기 위해 직접적으로 요청되는 해당 분야에서의 전문능력(technical skills)이고, 두 번째는 타인의 말을 잘 들음으로써 적합한 피드백을 제공하고 분쟁 상황에서 갈등을 해결하는데 필요한 대인관계 능력(human skills)이다. 마지막 세 번째는 문제의 확인과 대안 모색/평가, 그리고 적절한 대안의 선택을 위해 필요한 문제해결과 의사결정 능력(conceptual skills)이다.

팀에 필요한 세가지 능력

① 해당 분야의 전문성

② 대인관계력 + 소통력

③ 의사결정 능력

II. 그래서 리더가 중요하다

FUNDAMENTALS OF MANAGEMENT

CHAPTER 3

지금까지 살펴본 바와 같이 집단이 제대로 돌아가기 위해서는 갈등관리, 의사소통의 원활화, 무임승차자의 최소화, 합리적이고도 오류가 없는 의사결정, 다양성을 통한 팀워크의 증진 등의 과업이 모두 원활하게 달성되어야 한다. 이러한 다양한 과업들이 자발적이고도 원만하게 이루어진다면 다행이겠으나, 우리가 이미 잘 알고 있듯이 인간은 본래 이기적이고 또 지식과 정보의 제약도 크다. 따라서 '알아서 잘 하기' 보다는 누군가 총대를 매고 업무를 나누고 지시하고 또 수행을 독려하는 역할을 맡아야 한다. 즉 리더(leader)가 필요하다는 것이다.

리더의 자질과 역량 및 행동방식을 우리는 **리더십**(leadership)이라 하는데, 많은 인사조직론의 용어가 그렇듯 리더십에서도 통일된(또는 합의된) 견해가 존재하기보다는 여러 학자들이 각자 자신이 생각하는 바를 리더십의 의미로 사용하고 있다. 지금부터는 리더십이 가지는 여러 의미를 리더가 어떻게 팀 성과를 증진시킬 수 있는지의 관점에서 하나씩 검토하기로 한다.

1. 리더는 일정한 자질을 가진다

리더의 자리에 오르는 사람들은 일반인과는 다른 어떤 범상치 않은 자질을 갖고 있으리라 예상할 수 있다. 그래서 여러 학자들은 성공한 리더들이 공통적으로 취하고 있는 남다른 특성이 무엇인지를 밝혀내는 데 집중했다. 그들의 연구결과로 도출된 리더의 자질은 다음과 같다[12].

- 성공한 리더들은 대개 감성지능(emotional intelligence)이 높다. 감성지능이 높은 사람은 상대방의 감정을 잘 파악하고 이를 활용할 줄 알기에 대인관계를 원만하게 유지할 수 있고, 상급 관리자로서의 조직장악력이 높으며, 구성원에게 각종 영향력을 더욱 효과적으로 행사할 수 있다.
- 성공한 리더들은 자존감(self-esteem)이 높다. 자존감은 개인이 자신의 가치와 능력에 대해 긍정적으로 평가하는 정도로서, 자존감이 높은 리더는 구성원들에게 보다 많은 지원과 도움을 제공할 수 있고, 자신감을 가지고 있어 신뢰감을 준다. 따라서 구성원들에 의해 상당한 수준의 **카리스마**(charisma), 즉 남다르게 느껴지는 타고난 능력을 갖고 있는 것으로 인식될 수 있다[13].

카리스마적 리더: 맥아더

- 성공한 리더들은 성격의 측면에서 빅 파이브(Big-5) 구성요인 중 외향성, 성실성, 개방성이 높다. 외향성(extraversion)이 큰 리더는 대체로 사교적이고 단호한 면을 가지고 있기에 조직구성원과 적극적 상호작용을 하고 타인에게 자신감을 보여준다. 성실성(conscientiousness)이 높은 사람 역시 어떤 일의 절차와 수행방법을 잘 컨트롤하고, 주도적으로 업무를 수행하며 어려운 문제도 인내심을 가지고 극복하는 경향을 보인다. 개방성(openness to experience)이 큰 사람은 조직에서 창의력에 기반을 둔 과업을 추진하는데 적합하다고 볼 수 있다.

2. 리더는 특정한 행동방식을 가진다

블레이크(Blake, R)

리더는 앞서 언급한 자질 외에도 구성원들을 동기부여할 수 있는 행동방식을 가져야 한다. **블레이크와 머튼**(Blake & Mouton)은 그들의 연구를 통해 리더가 취할 수 있는 행동양식을 생산성 향상과 업무성과에 초점을 맞춘 행동과 인간관계에 초점을 맞춘 행동으로 분류하였다[14]. 업무성과에 초점을 맞춘 행동양식은 '생산에 대한 관심(concern for production)'이라 불리며, 그 내용으로는 정책결정의 질, 절차와 과정, 연구의 창의성, 업무의 효율성 등을 꼽는다. 인간관계에 초점을 맞춘 행동양식은 '인간에 대한 관심(concern for people)'으로 불리며, 그 내용으로는 조직에 대한 몰입과 충성심

[그림 3-3] 관리격자모형

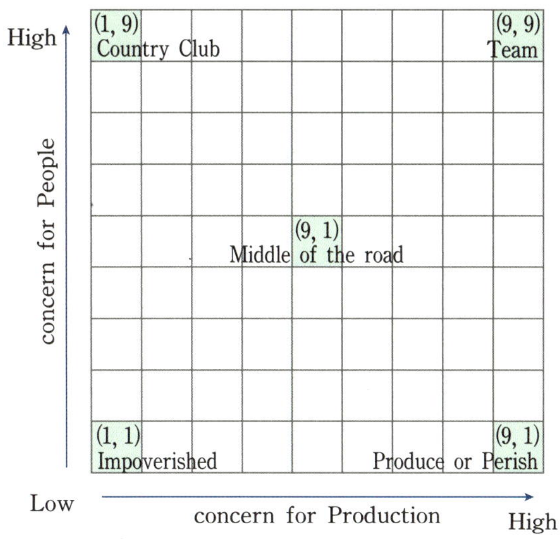

의 제고, 자존심 유지, 구성원에 대한 전적인 신뢰, 양호한 작업조건 배려, 긍정적인 대인관계 유지 등이 해당된다. 생산과 인간 각 차원을 9개 칸으로 나누어 차원별 점수가 높고 낮은 정도에 따라 5가지의 리더십 스타일이 도출된다.

- **무관심형**(impoverished style)은 생산에 대한 관심과 인간에 대한 관심이 모두 낮은 리더로서, 이들은 요구되는 업무를 수행하는데 최소한의 노력만을 기울인다. (1, 1)
- **컨트리클럽형**(contry club style)은 인간에 대한 관심은 매우 높은 반면 생산에 대한 관심은 매우 낮은 경우이다. 이러한 유형의 리더는 만족스러운 인간관계를 유지하기 위해 구성원들의 욕구에 깊은 관심을 보임으로써 긍정적이고 우호적인 집단 분위기와 이에 맞는 업무 진행 속도를 유지시킨다. 그러나 생산에 대한 적극적인 관심이 부족하여 효과적이라 보기가 어렵다. (1, 9)
- **과업형**(task style)은 생산에 대한 관심은 매우 높으나 인간에 대한 관심이 매우 낮은 경우이다. 이러한 스타일의 리더는 업무를 수행하는데 인간적인 요소로 인한 방해가 최소화되도록 여건을 조성하는 것이 중요하다고 본다. 따라서 단기적으로 성과를 높일 수는 있겠지만 높은 성과를 장기적으로 유지하는 데에는 한계가 있다. (9, 1)
- **중간형**(middle of the road)은 생산에 대한 관심과 인간에 대한 관심이 중간 수준인 리더십 스타일을 말한다. 이러한 유형은 최고의 성과보다는 (5, 5)

적절한 수준에서 성과를 유지하려고 할 뿐만 아니라 구성원의 만족도 동시에 추구한다. 이렇게 함으로써 적절한 업무 속도와 우호적인 집단 분위기를 동시에 추구하고자 한다.

(9, 9)
- **팀형**(team leader)은 인간과 과업 모두에 높은 관심을 가지는 경우이다. 이러한 스타일의 리더는 높은 수준의 성과를 내기 위해 부하들의 성과에 대한 몰입의 정도가 높아야 됨을 인식하고 구성원들의 만족과 인간관계 그리고 집단의 긍정적 분위기를 조성한다.

3. 리더의 자질과 행동방식은 상황에 따라 그 효과가 달라진다

앞서 살펴본 리더의 자질이나 행동방식은 그 자체로서 구성원들에게 일정한 효과를 기대할 수 있지만, 하나의 리더십 스타일이 언제 어디서나 동일한 방식으로 구성원에게 작용하는 것은 아니다. 예를 들어 카리스마적 리더가 효과적인 상황이 있고, 부드러운 리더가 효과적인 상황이 있는 것이다. 이에 따라 최근의 학자들은 리더의 각종 특성이나 행동(예: 과업지향적 행동이나 인간지향적 행동)의 효과성에 영향을 미치는 상황조건에 관심을 갖게 되었다. 즉, 성공적인 리더는 그가 처한 상황에 적절히 부합되는 스타일의 리더십을 구사할 줄 아는 사람이라는 것이다. 일반적으로 리더십에 영향을 미치는 상황요인으로는 구성원의 특성, 집단의 특성, 과업의 특성 등을 꼽을 수 있다. 각각에 대한 여러 학자들의 연구내용 중 일부를 소개한다.

1) 구성원의 특성과 리더십

블랜차드
(Blanchard, K. H.)

허시와 블랜차드(Hersey & Blanchard)는 리더십의 효과가 구성원의 특성에 의하여 달라질 수 있다는 상황적 리더십 모델(situational leadership theory, SLT)을 제안하였다[15]. 그들은 구성원의 특성을 성숙도(maturity or readiness)로 정의했는데, 이는 달성 가능한 범위 내에서 높은 목표를 세울 수 있는 성취욕구, 자신의 일에 대해서 책임을 지려는 의지와 능력, 과업과 관련된 교육과 경험을 종합적으로 지칭하는 변수가 된다. 구성원의 성숙도(M) 수준에 따라 적합한 리더십의 형태가 달라진다.

- 능력과 의지 모두가 낮은 경우(M1): 이 경우에는 관계행동보다는 과업행동을 위주로 하는 리더십이 효과가 있다고 보았으며, 이를 지시형(directing)이라 한다. 여기서는 구성원의 직무수행 역량이 갖추어져 있지 않기 때문에 리더가 구체적인 직무수행 방법과 절차를 구체적으로

지시함으로써 구성원의 성과 향상을 도모할 수 있다.

- 능력은 낮으나 의지가 높은 경우(M2) : 이 경우에는 과업행동과 관계행동의 수준 모두를 높이는 리더십이 효과가 있다고 보았으며, 이를 판매형[selling, 또는 지도형(coaching)이나 설득형]이라 한다. 여기서는 구성원이 직무를 시작한지 일정기간이 경과하여 조직정체성이 형성되고 몰입도가 높아지는 시기지만 아직 직무가 요구하는 역량은 충분히 갖추지 못한 시기이다.
- 능력은 높으나 의지가 낮은 경우(M3) : 이 경우에 리더는 관계행동의 수준은 높게 유지하되 과업행동의 수준은 약간 낮은 수준으로 유지할 필요가 있으며, 이러한 리더십을 참여형(participating)이라 한다. 여기서는 구성원이 직무를 맡은 기간이 어느 정도 경과하여서 직무가 요구하는 역량을 충분히 갖추게 되지만 점차 업무상의 매너리즘(mannerism)에 빠지는 시기이다.
- 능력과 의지 모두가 높은 경우(M4) : 이 경우에는 과업행동과 관계행동의 수준 모두를 낮게 유지하는 리더십이 효과가 있으며, 이를 위임형(delegating)이라 한다. 여기서는 구성원이 성취동기에 의해 스스로 동기유발되며 리더가 구체적인 지시를 하지 않더라도 스스로 목표를 달성할 수 있게 되므로 상사의 대폭적 권한위양이 가능해진다.

[그림 3-4] 허시와 블랜차드의 상황적 리더십 모델

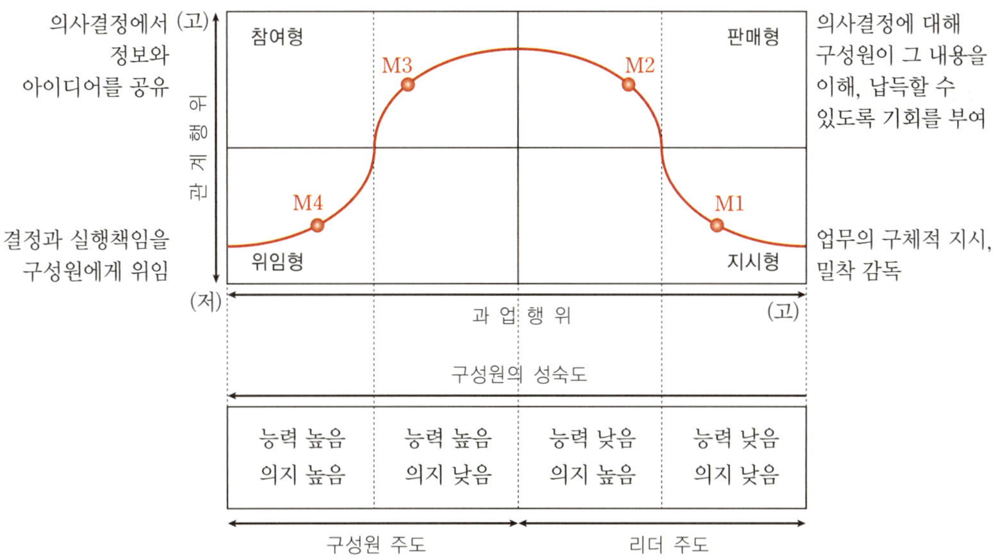

2) 집단의 특성과 리더십

하우스(House, R)

상황에 따라 리더십 효과성이 달라질수 있다고 주장한 대표적 학자인 **하우스**(House)에 따르면 집단의 특성, 구성원의 능력이나 욕구, 과업의 특성 등 다양한 상황변수에 따라서 리더십의 성과가 달라질 수 있다고 한다[16]. 그 중 집단의 특성에 초점을 맞추어 볼 때, 하우스는 집단의 발달과정에 주목하였다. 집단의 형성 초기에는 구성원들이 아직 업무에 익숙하지 않을 뿐만 아니라 업무처리의 절차나 시기 등에 대한 지식이 전반적으로 부족한 상태이다. 따라서 이 경우에는 구성원에 대한 통제와 감독, 규정준수와 작업일정 등을 강조하는 지시적 리더십(directive leadership)이 높은 성과를 낸다. 그러나 점차 집단이 안정기에 접어들게 되면 업무절차가 구체화되는 동시에 구성원들이 업무에 익숙해지는 정도도 높아진다. 따라서 이 경우에는 업무성과를 독려하기보다 구성원들의 욕구충족을 돕고 그들의 복지에도 신경을 쓰는 후원적 리더십(supportive leadership)이나 의사결정에 있어 구성원들의 견해를 중시하며 그들과 진지하게 상의하는 참여적 리더십(participative leadership)의 효과가 커진다.

3) 과업의 특성과 리더십

피들러(Fiedler, F)

피들러(Fiedler)는 상황과 리더십이 적합(match)되는 정도에 따라 집단성과가 달라지며, 이 때 상황을 결정하는 여러 요인 중 하나가 과업의 특성이라 보았다. 과업특성은 업무 요구조건(requirements)이 명확한 정도(목표명료성), 과업을 수행하는데 사용 가능한 방법의 수(목표-경로의 다양성), 과업수행의 결과를 확인할 수 있는 정도(검증가능성), 과업에 대한 최적의 해답이나 결과가 존재하는 정도(구체성) 등의 요인으로 구성된다. 과업의 특성

[표 3-1] **피들러 이론의 요약**

<table>
<tr><th>상황 Ⅰ</th><th>상황 Ⅱ</th><th>상황 Ⅲ</th><th>상황 Ⅳ</th><th>상황 Ⅴ</th><th>상황 Ⅵ</th><th>상황 Ⅶ</th><th>상황 Ⅷ</th></tr>
<tr><td colspan="4">리더-구성원 관계가 좋음</td><td colspan="4">리더-구성원 관계가 나쁨</td></tr>
<tr><td colspan="2">과업이 명료함</td><td colspan="2">과업이 애매함</td><td colspan="2">과업이 명료함</td><td colspan="2">과업이 애매함</td></tr>
<tr><td>권력 强</td><td>권력 弱</td><td>권력 强</td><td>권력 弱</td><td>권력 强</td><td>권력 弱</td><td>권력 强</td><td>권력 弱</td></tr>
<tr><td colspan="3">매우 유리한 상황</td><td colspan="3">중간 정도의 유리함</td><td colspan="2">매우 불리한 상황</td></tr>
<tr><td colspan="3">과업 지향적 리더십이 적합</td><td colspan="3">관계 지향적 리더십이 적합</td><td colspan="2">과업 지향적 리더십이 적합</td></tr>
</table>

이 명확하고 구체적일수록 상황이 호의적이며, 피들러는 과업특성 외 다른 요인(리더와 구성원간의 관계, 리더의 권력)들과 과업특성을 함께 검토하여 각 상황별로[표 3-1] 어떤 리더가 적합할지 결정할 수 있다고 보았다[17].

4. 리더는 혁신과 변화를 이끌어야 한다

창의와 혁신이 중시되는 21세기의 지식경영시대에는 리더가 단순히 동기부여나 업무지시 내지는 감독자의 역할에서 그치는 것이 아니라 구성원들이 보다 큰 꿈과 비전을 가질 수 있도록 적극적으로 지원하고 독려하는 촉진자(facilitator)로서의 역할을 수행할 필요가 있다. **배스**(Bass)는 기존의 모든 리더십 이론들이 구성원과 리더간 교환관계, 즉 구성원이 일을 잘 하면 리더가 상을 주고 그렇지 않으면 처벌을 하는 등의 거래관계에 기반한 리더십(거래적 리더십, transactional leadership)에 치중되어 있다고 비판하는 과정에서, 장기적인 관점에서 혁신을 위한 자극을 제공하는 새로운 유형의 리더십인 변혁적 리더십(transformational leadership)을 주창하였다[18]. 변혁적 리더십은 저차원적 욕구(생리적 욕구, 안전 욕구)에 얽매어 살아가는 구성원들이 고차원적 욕구(사회적 욕구, 존경 욕구, 자아실현 욕구)를 추구하도록 마음속 가치체계를 변화(transform)시키는 리더십이다. 변혁적 리더십은 구성원들이 개인적 이익을 초월한 조직 차원의 이익에 기여할 수 있도록 고무시키는 동시에 구성원 개인의 성장과 발전을 위한 노력도 동시에 경주할 수 있도록 독려하는 리더십으로서, 다음의 세 가지 구성요소로 이루어진다.

배스(Bass, B)

- 카리스마(charisma) : 구성원들에게 웅대한 비전을 제시하고 열정적으로 소통하며 역할 모델로서 모범적 행동을 보인다.
- 개별적 관심(individualized consideration) : 구성원 개인의 욕구와 감정을 파악하여 맞춤형 조언과 지원을 제공한다.
- 지적 자극(intellectual stimulation) : 구성원들이 기존의 관행에 대해 의문을 가지고 새로운 관점에서 현상을 바라보도록 자극한다.

1) 박경규(2014), 『조직행동』, 서울 : 홍문사
2) Robbins, S. P., & Judge, T. A. (2015). *Organizational behavior* (16th ed.). Upper Saddle River, NJ : Prentice Hall.
3) 이와 관련하여 정황(context)이라는 개념을 소개하고자 한다. 동양 문화권에서는 겉으로 드러나는 소통수단 이외의 요소(예 : 사회적 지위, 명성, 주변인과의 관계 등)에 더 주목하는 경우가 많기에 이를 고정황문화(high-context culture)라 하고, 서양 문화권에서는 언어적 커뮤니케이션 수단을 상대적으로 더 강조하기에 저정황문화(low-context culture)라 한다. 고정황문화에서는 커뮤니케이션 그 자체에 상당한 의미를 부여하며 관계형성과 몰입이 강조된다. 하지만 저정황문화에서는 반드시 명시적인 문서나 서류로 확정되기 전의 의사소통 자체만으로는 강제성있는 계약의 체결 등의 공식적 관계를 맺기가 힘들다.
4) 백기복(2014), 『조직행동연구』(제6판), 서울 : 창민사
5) 윤재풍(2014), 『조직론』, 서울 : 대영문화사, pp.203~205.
6) Locke, E. A. (1968). Toward a theory of task motivation and incentives, *Organizational Behavior and Human Performance*, 3(2), 157-189.
7) 이는 적절한 기준을 설정해 놓고 이를 통과하는 대안 중에 먼저 발견되는 것을 선택하는 것이 조직이나 개인의 의사결정의 실체와 가깝다는 의미에서 '바늘모형'으로 불리기도 한다. 예를 들면 건초더미에서 가장 우수한 바늘을 찾고자 할 때 합리적 모델은 건초더미에 있는 모든 바늘을 다 찾아내어 그 중에 가장 뾰족한 것을 최고의 바늘로 선정한다. 그러나 제한된 합리성 모델은 주어진 시간에 바늘을 여러 개 찾아내어 발견된 것 중에서 가장 뾰족한 것을 선택한다(박경규, 전게서).
8) Daft, L. R. (2010). *Organization theory and design* (10th ed.). Mason, OH : South-Western Cengage Learning
9) 문권모(2008), "컬럼비아호 폭발과 집단사고", 「동아비즈니스리뷰」 제12호
10) 백기복, 전게서.
11) Katz, D. (1974). Skills of the effective administrator. *Harvard Business Review*, 68(3). 79-91.
12) 박경규, 전게서, pp.387~390.
13) Conger, J. A., & Kanungo, R. N. (1998). *Charismatic leadership in organizations*. Thousand Oaks : Sage.
14) Blake, R., & Mouton, J. (1964). *The Managerial Grid : The Key to Leadership Excellence*. Houston : Gulf Publishing Co.
15) Hersey, P., & Blanchard, K. H. (1977). *Management of organizational behavior* (3rd ed.). Englewood Cliffs, NJ : Prentice-Hall.
16) Yukl, G. A. (2010). *Leadership in organization*. (7th ed.). Upper Saddle River, NJ : Pearson/Prentice Hall.
17) 이창원 · 최창현 · 최천근(2012), 『새조직론』(전정3판), 서울 : 대영문화사
18) Bass, B. M. (1985). *Leadership and performance beyond expectations*. New York : The Free Press.

CHAPTER 4
조직의 정체성과 운영원리

Ⅰ. 도대체 조직이란 무엇인가? : 냉정과 열정 사이
  1. 조직은 이성적이고 논리적이다
     : 경제적 이해타산을 중시하는 관점
  2. 조직은 자연적이고 인간적이다
     : 심리 · 사회적 욕구와 관계를 중시하는 관점

Ⅱ. 조직에 영향을 미치는 요인들 : 그때 그때 달라요
  1. 환경과 조직
  2. 기술과 조직
  3. 규모와 조직
  4. 전략과 조직

Ⅲ. 조직구조의 여러 모습
  1. 기능식 조직
  2. 사업부제 조직
  3. 매트릭스 조직
  4. 네트워크 조직

Ⅰ. 도대체 조직이란 무엇인가? : 냉정과 열정 사이

이번 장에서는 인사조직론의 주된 연구대상인 '조직'의 정체성과 그 운영원리를 살펴본다. 조직의 정체성이란 '조직이 도대체 무엇인가?' 라는 질문에 대한 답을 뜻한다. 이 질문은 굉장히 학술적이고 그래서 우리의 삶과는 관련이 없어 보이지만, 사실 우리가 속해 있으며 매일매일의 생활을 해 나가는 조직이 어떤 속성을 갖고 있고 또 어떤 방식으로 운영되는지의 내용을 아는 것은 우리의 행동방식을 정하고 삶의 목표를 설정해 나가는데 상당한 도움을 준다. 쉬운 예를 들어 보겠다. 우리 회사가 능력에 입각하여 보상과 승진을 결정한다고 생각하는 경우와 상사와의 인간관계에 따라 보상과 승진을 결정한다고 생각하는 경우에 우리의 회사생활이 달라질 것임은 자명하다. 이처럼 우리의 조직생활은 우리가 조직과 그 운영방식에 대해 가지는 이미지나 인상에 의해 좌우될 수 있다. 조직론을 연구한 수많은 학자들도 바로 이 점에 주목하여, 각자 나름의 가정과 원칙에 따라 조직현상을 분석하고 설명하였다. 조직에 관한 많은 연구내용들은 크게 인간의 이성과 합리성을 중시하는 입장과 비이성적 측면과 인간관계를 중시하는 입장으로 나눌 수 있다. 스캇(Scott)은 전자를 합리적(rational) 측면, 후자를 자연적(natural) 측면이라 명명하였다[1]. 이하에서는 대표적인 조직이론들을 이 두 관점으로 나누어 살펴본다.

여기서 비이성적이란 경제적인 이해타산보다는 인간관계나 개인적 욕구를 더 중시한다는 의미이다.

1. 조직은 이성적이고 논리적이다 : 경제적 이해타산을 중시하는 관점

철학이나 사상의 역사를 보면 인간의 이성을 신뢰하는 관점의 이론들이 많다. 조직론에서도 마찬가지이다. 인간은 손해보다 이익을 추구하며, 여러 정보를 취합하여 합리적으로 사고할 수 있고, 감정이나 충동보다는 이성과 논리에 의해 작동하는 존재라는 것이다. 이러한 관점을 흔히 **경제인**(economic man) 가설이라 하며, 그 세부내용은 다음과 같다[2].

경제인

- 인간은 외적으로 주어지는 경제적 유인(incentive)에 의해서(만) 동기부여되며, 최대의 경제적 이익을 얻을 수 있는 방향으로 행동한다. 이 과정에서 조직의 통제 하에 경제적 유인이 부여되는 경우가 많으므로 인간은 조직에 의하여 동기부여되고 통제되는 수동성을 가진다.

- 감정은 인간의 합리적 선택에 방해가 되므로 조직 차원에서는 이러한 개인적 요소들이 개입되지 않도록 통제가 필요하다. 이는 인간의 자연적인 목적과 조직 차원에서의 목적이 대립되는 경우가 많기 때문이다.

이 관점에 따르면 인간의 집합인 조직도 같은 원리로 돌아간다. 따라서 조직은 분명한 목표를 갖고 있으며 이를 달성하기 위해 보유하고 있는 여러 자원들을 최적의 상태에서 활용한다. 이러한 관점에서 연구를 수행한 학자들과 이론들을 소개한다.

1) 테일러의 과학적 관리론

테일러(Taylor, F.)

테일러(Taylor)에 의해 주창된 과학적 관리론(scientific management)은 사업장을 관리했던 경영자였던 테일러의 개인적 경험과 통찰에 의하여 고안된 몇 가지의 조직관리 원칙들이다. 제목이 재미있는데, '과학적 관리론'이다. 그렇다면 그 이전의 조직관리방식은 '비과학적'이었다는 말인가? 적어도 테일러의 눈에는 그렇게 비쳤다. 19세기 말과 20세기 초의 미국 공장들을 보면 작업의 시작과 종료 시간 및 휴식시간, 작업도구와 작업의 방법, 성과의 측정과 통제절차 등 조직관리의 핵심이자 기초라 할 수 있는 몇몇 원칙조차 확립되지 않았던 작업장이 상당수였다. 테일러가 관리했던 공장도 예외는 아니었다. 테일러는 이러한 점에서 문제의식을 가지고 조직의 운영 효율성을 높일 수 있는 몇가지 원칙들을 고안하게 되는데, 그 주된 내용은 노동의 분업(division of labor)에 입각한 직무전문화(job specializartion)를 통해서 한 작업자가 투입하는 노력과 시간을 줄이는 방법들에 관한 것이다. 이를 통해 생산현장에 산재한 비효율과 인력낭비를 막을 수 있다는 것이 테일러의 기본 관점이다.

테일러에 따르면 과학적 관리를 구성하는 일반원칙들은 다음과 같다. 첫째, 구성원이 수행하는 개별적인 업무는 과학적 분석에 의해 설계되어야 하며, 그 결과로서 표준화(통일)된 작업절차와 공정한 작업량 및 임금지급률(예 : 시급)이 설정된다. 둘째, 이렇게 과학적으로 설계된 과업을 원활히 수행하기 위해서는 근로자들을 과학적인 방법으로 선발하고 훈련하며, 적절한 직무에 배치시킬 필요가 있다. 셋째, 할당된 과업의 달성 정도에 따라 구성원들에게 차별성과급을 지급한다. 차별성과급이 일반성과급과 다른 점은 생산능률에 따라 성과급의 지급 정도가 달라진다는 점이다. 즉 열심히 일한 사람에게는 그렇지 않은 사람에 비해 높은 수준의 성과급을 지급한다. 이를 통해 궁극적으로 고임금 · 저인건비(paradox of high wages and low costs)[3], 즉 소수의 열심히 일하는 사람에게 많은 임금을 줌으로써 그들

차별성과급

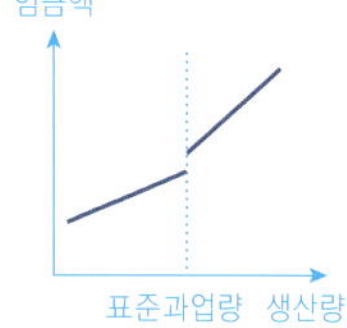

의 성과향상을 토대로 전체 인건비를 감축하는 것이 가능해진다.

과학적 관리론을 통해 많은 조직은 생산성과 효율성을 높일 수 있었고, 테일러가 주창한 성과급이나 합리적 선발방식, 작업배치방식 등은 현대 조직관리에도 상당한 영향을 미쳤다. 다만 분업을 지나치게 강조하여 업무가 세분화되고 그 결과 조직구성원들이 일하는 재미를 잃게 된 점, 그리고 인간을 너무 경제적 인센티브에만 매달리는 존재로 가정한 점 등으로 인하여 비판을 받기도 한다.

2) 베버의 관료제론

베버(Weber, M.)

관료제(bureaucracy)는 절대왕정기 이후 근대(modern) 서구사회의 가장 두드러진 현상이자 **베버**(Weber)가 생각한 가장 이상적인 형태의 조직이었다. 정부 조직의 합리적이고도 능률적인 운영에 관심을 가졌던 베버는 역사적으로 인간이 다른 인간을 통제하는 방식이 진화되는 과정 속에서 관료제가 등장한다고 보았다.

베버에 따르면 조직을 관리하고 구성원을 통제하는 공식적 힘이라 할 수 있는 권한(권위, authority)의 형태는 크게 카리스마적 권한, 전통적 권한, 합리적 · 법적 권한으로 나뉜다[4]. 카리스마적 권한은 지배자에 대한 개인적인 헌신과 충성을 바탕으로 한 것으로서, 카리스마를 지닌 지배자와 헌신적인 복종자 사이에 아주 개인적이고 밀접한 관계가 존재하는 권한을 말한다. (예 : 전제군주, 히틀러) 전통적 권한은 신성하게 여겨지는 전통(tradition)이 규정하는 범위 내에서 지배자가 행사하는 권한으로서, 지배자의 통치행위에 대해 피지배자는 무조건적인 복종을 하게 된다. (예 : 장로, 영주) 합리적 · 법적 권한은 조직의 규범적 규칙이 합리적이고 합법적으로 제정되어서 이렇게 제정된 규칙에 따르는 것이 정당한 것으로 간주되는 권한을 말한다. 여기서의 복종은 어느 개인에 대한 것이 아니라 규정에 대해서 정당화될 수 있는 시스템적인 행위가 된다. (예 : 대부분의 현대 조직) 베버는 역사적 발전에 따라 위의 세 유형의 권한이 순서대로 발현된다고 보았으며, 합리적 · 법적 권한을 기초로 한 관료제를 조직의 구조로 규정할 때 비로소 가장 효율적이고 합리적인 조직을 이룰 수 있다고 주장하였다.

중세 유럽에서는 영주와 농노의 신분이 세습되었다. 이러한 신분세습제는 전통이라는 미명하에 당연하게 받아들여졌다. 베버는 이를 전근대적이라 비판한 것이다.

가장 대표적인 관료제 조직은 정부라 할 수 있다. [그림 **4-1**]의 정부 조직도를 보면 관료제의 몇 가지 특징을 파악할 수 있다. 첫째, 위계서열(hierarchy)이 중시된다. 베버는 관료제 조직의 핵심을 관료들 간의 연속적 계층구조로 보았다. 이는 상명하복(上命下服)의 원칙 하에 상위직이 하위직을 관리 · 감독하는 형태로 나타난다. 둘째, 분업이 강조된다. 관료제 조직에서는 전문화(specialization)의 원리에 입각하여 각자가 책임을 지는 행동 범

상명하복 : 상사가 명령하면 부하는 복종한다.

[그림 4-1] 관료제의 사례 : 정부 조직도[5)]

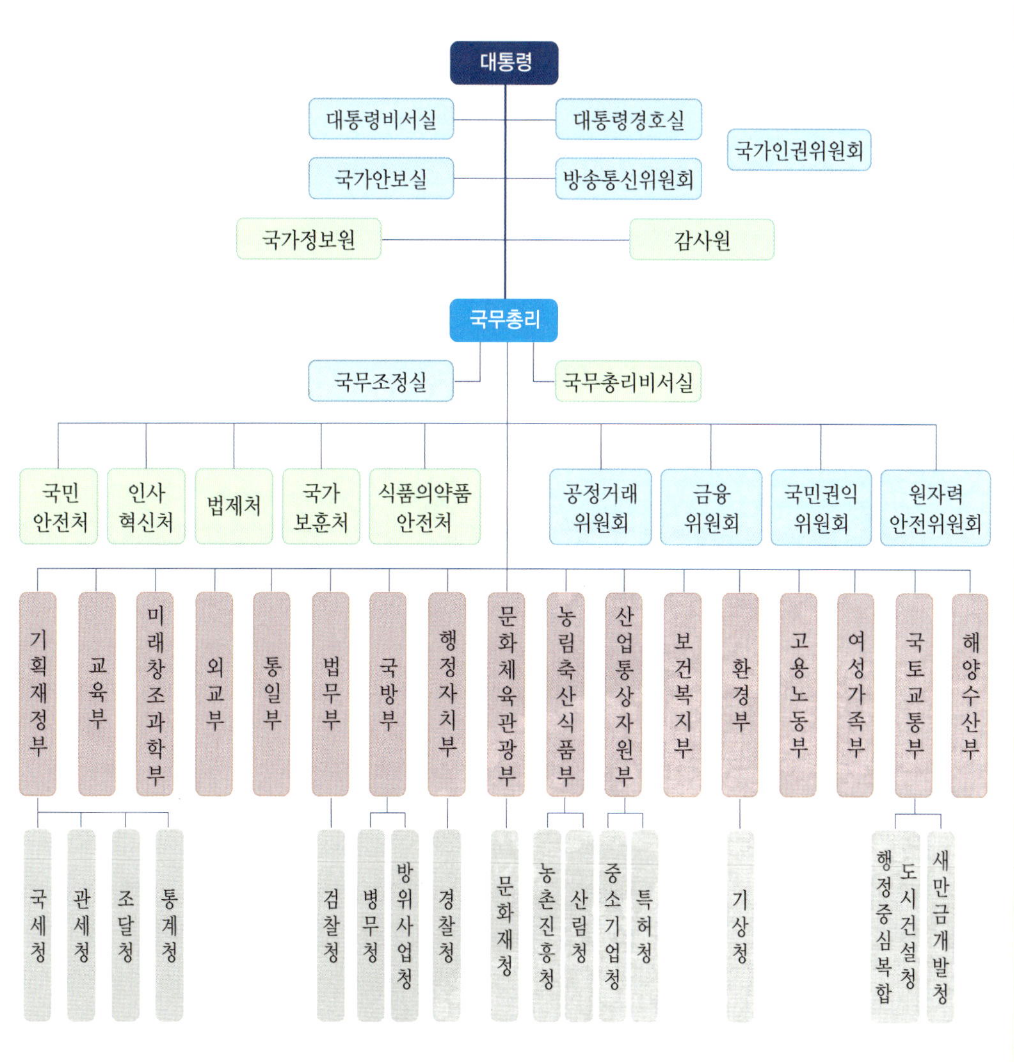

위와 권한이 구체화되는 시스템적 분업이 이루어진다. 국방부와 환경부의 업무가 다른 것이 그 예이다. 이는 구성원이 성과를 잘 내었는지를 확인하고 통제하는 메커니즘인 동시에, 각자의 역할들을 조정하여 서로 간섭하거나 방해하는 일이 없도록 해 준다. 셋째, 규칙과 절차가 강조된다. 각자의 임무 수행은 문서화된 규칙을 따르게 되며, 업무수행과정에서의 각종 행동 및 의사결정 내용은 기록되어 관리된다. 따라서 사람이 바뀌어도 업무는 연속적으로 이루어질 수 있게 된다. 넷째, 혈연보다는 능력이 중시된다. 중세와는 달리 출신이나 거주지역 또는 권력자와의 친분에 의해 인재가 등용되기보다는 업무수행에 필요한 자격요건(specification)을 갖춘 인재를 선발

흔히들 관료제를 능력보다 연공, 즉 근무기간이 중시되는 것으로 오해하는데 이는 한국에서의 특이한 현상일 뿐 관료제의 일반적 특징은 아니다.

한다는 점에서 관료제는 능력주의의 특징을 갖고 있다. 우리나라의 공무원도 공개경쟁채용방식, 즉 필기시험을 통해 선발되는 경우가 대부분이다.

하지만 관료제는 본질적으로 조직의 안정과 합리적 운영에만 신경쓰다 보니 변화에 둔감하다는 지적을 받기도 한다. 실제로 제도의 개선이 필요함에도 불구하고 관료조직의 경우 그대로 묵혀두는 경우도 많다. 다음의 신문기사를 읽어보자.

똑같이 뉴욕 가는데… 일반인 111만원, 공무원 421만원[6)]

공무원들이 해외 출장을 다닐 때 지나치게 비싼 항공권을 이용하고 있는 것으로 나타났다.

공무원 전용 티켓은 '정부항공운송의뢰제도(Government Transportation Request)' 내지 'GTR 항공권'이라는 이름으로 운영되고 있다. 올해 예산 편성의 근거가 된 2016년도 정부 예산 편성 지침을 기준으로 보면, 인천과 뉴욕 간 대한항공 이코노미클래스 왕복 GTR 티켓의 단가는 1장당 421만원으로 책정돼 있다. 다만 이 가격은 예산 책정 기준 최고가로 실제 구매 시점에서는 어느 정도 미리 예약하느냐 하는 등의 부가 조건에 따라 389만원, 237만원짜리 티켓도 나올 수 있고 차액은 정부에 반납한다. 30일을 기준으로 할 때 대한항공 홈페이지에서는 성수기(7월 25일~8월 3일)의 이코노미 티켓을 최저 202만원에 예매할 수 있다. 특수하게 판매되는 '할인 항공권'이 아닌 공식 판매 가격이다. 비수기(10월17~26일)에는 111만원으로도 예매 가능하다. 비즈니스 티켓도 GTR 738만원, 성수기 예매가 450만원으로 차이가 난다.

GTR 제도는 1980년대 공무원들이 한국 국적기를 이용하도록 하면서 업계 건의로 도입됐다. 과거에는 항공권을 구하기가 쉽지 않았던 데다 스마트폰 · 인터넷 기반이 부족해 환불이나 일정 변경이 쉽지 않았다. 정부 업무 편의와 국적 항공사 육성을 위해 일정 부분 필요한 측면이 있었다. 그러나 현재는 국적기 여부에 관계없이 간편한 예매와 일정 변경, 환불 등이 가능하며 위약금이 있는 경우에도 이용자 입장에서 감당할 수 있는 수준이다. 그럼에도 불구하고 정부는 "GTR이 일종의 보험이기 때문"이라며 제도를 유지하고 있다. 인사혁신처 관계자는 "일반 항공권은 발권 시기에 따라 요금이 천차만별이고, 취소하거나 일정을 변경할 경우 적지 않은 수수료가 발생한다"고 밝혔다. 한 대기업 관계자는 "만약 기업이었다면 30년 넘은 제도를 그대로 운영하지 않았을 것"이라고 했다.

– 조선일보, 2016년 7월 1일, 기사내용 일부수정

모름지기 모든 조직은 그 설립의 목적이 있게 마련이고, 이러한 목표의 달성을 위해 여러 제도와 규정을 만드는 것이다. 그러나 관료제의 경우 때로는 이러한 규정과 절차가 궁극적인 목적달성에 해가 되는 경우도 종종

발견된다. 위의 사례에서처럼 적절한 시기에 변화하지 못하여 국민예산을 낭비하는 어처구니없는 절차규정을 남겨두는 것이다. 이를 목적전도(goal displacement)라 부른다.

3) 구조적 상황이론

상황이론 또는 구조적 상황이론(structural contingency theory, 狀況理論)은 모든 조직에 보편타당하게 적용되는 원리나 설계기법을 찾기보다는 각 조직이 처한 상황에 맞는 조직구성의 방법이 있다고 보는 관점이다. 앞서 과학적 관리론과 관료제론을 살펴보았는데, 이 두 이론은 모두 최선의 조직관리 및 운영방식이 정해져 있다고 보기에 보편론적 관점으로 평가받는다. 반면 구조적 상황이론에서는 조직이 여러 가지 특성 및 운영방식(예 : 조직구조, 제도, 업무처리 방식 등)을 가질 수 있으며 그 중 어떤 특성을 가지는지는 대외적 환경, 조직이 속한 업종, 조직구성원의 수 등의 다양한 요인에 따라 달라진다고 본다. **갤브레이스**(Galbraith)에 따르면 모든 상황에 보편적으로 적용될 수 있는 최선의 조직관리 방식은 존재하지 않으며, 어떤 조직관리방식이라도 늘 똑같이 효과적일 수는 없다[7]. 실제로 동종 업계에 속해 있는 삼성전자와 Apple은 조직구조의 특성이 다르다. 이는 각 기업이 고려하는 환경요인이 다르기 때문이다.

갤브레이스 (Galbraith, J.)

구체적으로 살펴보면 상황이론은 조직성과(조직이 목표를 달성하는 정도), 상황변수, 조직특성(조직구조 및 관리시스템 등)의 세 가지 항목에 초점을 둔다. 즉, 조직성과에 영향을 미치는 요인을 상황변수와 조직특성으로 보며, 이들간의 적합성(fit)이 조직효과성을 결정한다고 주장한다. 여기서 적합성이 크다는 말은 상황요인과 조직특성이 논리적으로 잘 어울린다는 의미이다. 예를 들어 신분제도라는 사회적 상황 속에서 능력에 입각한 승진이나 보상을 실시하는 조직이 있다면 이 둘은 어울리지 않는 것이며, 이 경우 부적합(misfit)이라 한다. 미국과 같이 개인주의적 사고가 일반적인 문화권에서 팀 구성원들이 강제로 술을 많이 먹어야 하는 회식문화를 도입하려는 조직이 있다면 이 역시 부적합인 것이다. 즉 상황이론은 조직관리의 유일 최선의 답이 존재하지 않는다고 주장한 점에서는 관료제나 과학적 관리론과 차이를 보이지만, 적합성이라는 용어를 사용함으로써 조직설계의 이성적이고 논리적인 원리가 있음을 밝혔다는 점에서 합리적 조직이론에 속한다 할 것이다. 이상의 논의를 도식화하면 [그림 4-2]와 같으며, 상황이론의 세부 내용에 대해서는 뒤에서 자세히 설명한다.

조직이 그 목표를 달성하는 정도를 조직효과성(organizational effectiveness) 또는 조직유효성이라 한다.

[그림 4-2] **상황이론의 개념모형**

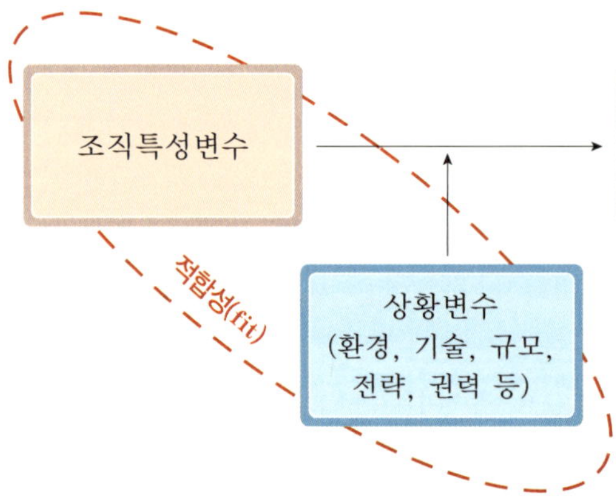

2. 조직은 자연적이고 인간적이다 : 심리 · 사회적 욕구와 관계를 중시하는 관점

사회인

인간은 이성적이기도 하지만 한편으로는 비이성적이기도 하다. 충동적이고 감정에 흔들린다. 굳이 깊게 생각해 보지 않더라도 조직에서의 의사결정이 합리적으로 이루어지는 것만은 아니라는 사실을 우리는 이미 알고 있다. 이처럼 인간의 행동이 그를 둘러싸고 있는 주변 환경 및 타인들과의 관계에 의해 많은 영향을 받는다고 보는 관점을 **사회인**(social man) 가설이라 하며, 그 세부내용은 다음과 같다.

- 인간은 기본적으로 사회적인 욕구와 타인과의 일체감을 통해서 동기부여된다. 따라서 작업이나 직무 자체를 통하여 동기부여를 꾀하기보다는 직무와 관련하여 형성되는 사회적 관계에서 의미를 찾아야 한다.
- 관리자는 개인적 유인보다 집단적 유인의 방법을 활용할 때 더 큰 동기부여효과를 기대할 수 있다. 이는 일방적인 통제보다 소속감과 일체감의 부여 및 감정이나 욕구를 통한 관리방법이 더 효과적일 수 있음을 의미하는 것이다.

이 관점에 따르면 인간의 집합인 조직에는 개인의 행동을 분석할 때와는 다른 차원의 논리가 적용된다. 제3장에서 살펴본 집단사고나 사회적 태만과 같이 합리적 인간의 가정만으로는 설명이 안 되는 현상들이 발생하기 때문이다. 따라서 조직의 정체를 밝히고 그 운영원리를 설명하는과정에서는 여러 사람(또는 타 조직)과의 상호작용 방식과 그 속에서 살아남기 위한 생존논리들이 동원된다. 이러한 관점을 가진 이론들을 소개한다.

1) 메이요의 인간관계론

과학적 관리론으로 대표되는 관리방식이 한 시대를 풍미하면서 인류문명은 급격한 생산성의 증대를 경험하게 된다. 하버드 대학교의 **메이요(Mayo)**는 그의 제자이자 동료교수였던 뢰슬리스버거(Roethlisberger)와 함께 미국 서부전기회사의 호손(Hawthorne)공장 종업원을 상대로 최적의 작업조건을 찾기 위한 연구를 수행하는 과정에서 과학적 관리론의 문제점 내지는 한계를 발견하게 되었다. 장장 8년에 걸쳐 4단계로 진행된 실험의 내용은 다음과 같다[8].

메이요(Mayo, E.)

- 처음에는 조명의 효과를 측정하기 위한 실험이 진행되었다(조명 실험). 근로자를 두 집단으로 나누어 밝기변화와 생산성의 관계를 살펴보았는데, 밝기가 변화한 실험집단뿐만 아니라 비교대상이었던 통제집단에서조차 작업성과가 향상되는 결과가 나왔다.
- 보다 정교한 실험을 위해 이번에는 조립에 종사하는 여공들을 6인 1조로 편성하여 특정 작업조건(예 : 휴식시간 제공, 간식의 제공, 작업시간 단축 등)이 주어질 때 성과향상 여부를 테스트했다(계전기 실험). 각 작업조는 6명 중 2명을 일단 따로 뽑은 뒤 그 2명에게 같이 일할 나머지 4명을 뽑게 하여 일종의 비공식집단(서로 친밀해지는 자생집단)을 이루게 한 후 동일한 작업실에서 일하게 하고, 감시원 1명을 붙이는 방식으로 진행되었다. 여러 작업조건의 변화에 불구하고 생산성에는 큰 차이가 없었으며, 심지어 실험이 끝난 뒤 작업조건을 기존 상태로 되돌려 놓았음에도 불구하고 여전히 높은 생산성이 유지된다는 점이 발견되었다.

호손공장의 모습

- 세 번째 연구는 공장 전체 근로자들을 대상으로 실시한 면접조사였는데 여기서는 구성원들의 만족과 불만족에 영향을 주는 요인들에 대한 조사가 이루어졌다. 그 결과 작업의욕이 개인적 감정에 의해서도 영향을 받지만, 그가 속한 **집단의 사회적 조건**에 따라서도 크게 달라질 수 있음이 밝혀졌다.

집단의 사회적 조건
작업장 내의 우호적인 분위기, 관리자의 칭찬과 기대감, 작업집단에 대하여 느끼는 자부심, 책임감 등

- 마지막 실험에서는 배전기 작업을 하는 14명의 남성 노동자를 관찰하였는데, 실험의 도중 이들 사이에 자연스럽게 2개의 비공식집단이 생겨났다. 업무수행의 과정에서는 개인의 능력이나 숙련도, 관리자의 지시나 성과급 등의 제도와 작업능률간의 논리적 상관관계가 도출되지 않았으며, 오히려 각자의 근로의욕 여하나 암묵적으로 합의된 규범(작업방식이나 업무수행에 대하여 구성원들이 서로 약속한 규칙)이 작업능률과 상관관계가 크다는 것을 발견했다.

이상의 실험결과를 토대로 메이요는 인간관계론(human relation theory)을 정립한다. 이 이론에서는 인간의 행위가 조직에 의해 주어지는 외적 요소보다 개인의 내면적 요소에 의해 결정된다고 본다. 따라서 사람의 행동을 알고자 할 때에는 그 사람의 내부적인 주관이나 태도 및 감정구조나 심리상태에 더 큰 비중을 두어야 한다고 주장한다[9].

인간관계론의 핵심적 주장을 요약하면 다음과 같다. 첫째, 전문성에 입각한 분업이 반드시 좋은 결과만을 낳는 것은 아니다. 작업능률은 단지 임금이나 노동시간, 조명, 환기 등과 같은 물리적 환경뿐만이 아니라, 종업원이 자신의 직무, 동료, 상사 또는 회사전체 등에 대하여 갖는 태도나 감정, 즉 사회적 · 비합리적 측면에 의해서도 영향을 받기 때문에 지나친 분업화는 오히려 종업원의 사회적 관계에 악영향을 가져올 수 있다. 둘째, 공식집단보다는 구성원들간의 관계에 입각하여 자발적으로 형성되는 비공식집단, 그리고 이 비공식집단에서의 집단압력이 조직행동을 파악하는데 큰 도움이 된다. 호손실험의 발견 중에는 성과급을 많이 주어도 구성원들의 작업능률이 오르지 않는 현상이 포함되어 있는데, 이는 성과급의 효과가 있음을 회사측이 확인하는 순간 작업기준 자체가 상향조정될 것을 두려워한 작업자들의 암묵적 담합과 집단압력이 존재하였기 때문이다. 결론적으로 인간은 합리적인 것 같지만 실제로는 그렇지 않을 수 있는 것이다.

실제로 직장인들 중에는 일을 일부러 천천히 하는 사람이 있다. 빨리 끝낼때 보상보다 더 많은 일이 주어질 수 있음을 경험한 경우 이런 현상이 발견된다.

2) 페퍼와 샐린식의 자원의존이론

페퍼(Pfeffer, J.)

페퍼와 샐린식(Pfeffer & Salancik)에 의해 정립된 자원의존이론(resource dependent theory)은 조직이 환경으로부터의 제약을 극복하기 위한 주체적 노력을 기울일 수 있다고 보는 접근법이다[10]. 이 문장을 아무리 읽어도 이해하기가 쉽지 않을 것인지라, 구체적으로 하나씩 하나씩 예를 들어 설명한다.

우선 환경조건과 조직의 관계를 보자. 상식적으로 '경영환경' 내지는 '조직환경'이라 하면 정치적 배경, 노동시장의 움직임, 국제정세, 인구통계학적 변화추이, 기술발전과 혁신 등을 모두 포함하는 포괄적 의미이다. 두말할 나위 없이 이들 환경조건들은 조직에 일정한 영향을 미친다. 기술시스템이 발전하면서 단순작업의 상당수가 기계로 대체된 것이나, 세계화로 인해 많은 기업에서 영어실력을 인재채용의 기준으로 삼는 것 등이 그 예이다. 이상의 내용을 정리해 보자면 조직의 배경조건이 되는 '환경'은 조직의 목표 및 운영방식에 영향을 주는 제약요인(constraint)이라 할 수 있다.

명제 1. 여러 환경요인은 조직의 목표설정과 운영원리에 영향을 미친다. 즉 조직은 환경에 의존한다.

의존(dependent)한다는 말은 갑을(甲乙)관계, 즉 주도권을 쥔 자와 끌려다니는 자의 관계가 형성된다는 의미이다. 필요한 자원을 언제 어디서 누구로부터 공급받을 수 있을지가 불명확할수록 자원에 대한 의존도는 높아진다. 일반적으로 자원의존성을 결정하는 요인은 다음과 같다. 첫째, 조직이 필요로 하는 자원(예 : 석유)이 한 사람이나 집단(예 : 사우디아라비아)에 집중되어 있다면 조직은 그에게 의존할 수 밖에 없다. 마찬가지로 다른 자원으로의 대체가 어려울 때(예 : Apple 모바일 운영체제인 iOS) 역시 조직은 해당 자원을 보유한 사람이나 집단(예 : Apple社)에 의존하게 된다. 유명 소설가와 출판사의 관계를 보면 출판사가 을(乙)이다. 잘 팔리는 원고를 제공하는 소설가는 다른 이로 대체가 안되기 때문이다. 둘째, 조직이 획득해야 하는 자원이 충분하지 못하다면 그 희소자원 공급자의 영향력이 커질 수 밖에 없다. 소설을 썼다 하면 대박을 치는 작가가 대한민국에 매우 적다면 그들 소수 작가가 출판계에 어마어마한 영향을 미칠 수 있다. 셋째, 조직이 처한 환경의 불확실성에 누군가 영향을 미칠 수 있다면 조직은 그에게 의존하게 된다. 한 국회의원이 향후 기업활동에 영향을 미칠 법안발의를 준비하고 있다면 그 법의 영향을 받는 기업들은 스스로의 활동범위와 현재 누리고 있는 수익을 지키기 위해 해당 의원에게 을(乙)의 자세에서 로비를 시도할 수 있다.

만약 위의 '명제 1' 만 놓고 본다면 앞서 살펴보았던 구조적 상황이론, 즉 상황에 따라 조직운영 방식이 달라진다는 이론과 자원의존이론은 크게 다를바가 없다. 하지만 자원의존이론이 별도의 독자적 이론인 까닭은 바로 다음 명제 때문이다.

명제 2. 조직은 환경으로부터의 의존성을 극복하기 위해 자체적인 노력을 기울일 수 있다.

이 명제는 크게 두 가지 의미를 가진다. 첫째, 조직을 주체로 본다는 것이다. 조직은 상황요인에 따라 수동적으로 바뀌는 것이 아니라 '스스로' 상황의 제약을 극복할 수 있다. 구조적 상황이론에서는 조직이 처한 상황과 환경에 따라 조직의 운영양식이 달라진다고 보지만, 자원의존이론에 따르면 같은 상황 속에서도 조직의 자발적 선택에 따라 서로 다른 운영방식을 취할 수 있다. 경기침체기에 긴축경영을 실시하는 기업도 있지만 도리어 공격적 확장경영을 하는 기업도 있듯이 말이다. 둘째, 조직은 다양한 재량권(freedom)을 가진다. 상황이론에 따르면 일정한 환경조건 하에서 기업이 택할 수 있는 최적전략이 어느 정도 정해져 있으나, 자원의존이론에서 조직은 같은 환경압력 하에서도 상당히 많은 선택 옵션을 가진다. 실제로 같은 스마트폰 시장에서 삼성, Apple, LG, 모토롤라 등은 각각 다른 방식으로 대응하였고 그 결과 각 회사의 운명도 달라졌다. 특히 이 과정에서 조직을 관리하는 경영자의 역할이 매우 중요하며, 이들은 나름의 방식과 전략을 통해 효과적으로 조직이 가지는 힘을 향상할 수 있도록 노력한다.

누가 승자인가?

3) 디마지오와 포웰의 제도화 이론

한 기업의 회장이 자신의 운전기사에게 마구잡이로 폭행과 폭언을 일삼은 사실이 보도되어 해당 기업이 큰 곤욕을 치른 적이 있다. 그 기업은 사회적 비난을 받았을 뿐만 아니라 소비자들로부터 불매의 대상이 되는 등 값비싼 대가를 치렀다. 그런데 이 기업은 제품과 서비스를 제대로 만들지 못한 것은 아니다. 즉 기업의 생산물 자체에 아무런 문제가 없었다는 말이다. 그럼에도 불구하고 소비자와 국민 대중의 정서에 맞지 않는 몰상식적인 행태를 기업의 대표가 행하였다는 것이 문제였다. 이 사례로부터 우리가 알 수 있는 사실은 기업의 성공이 반드시 그 기업의 본질적 활동에 의해서만 결정되는 것은 아니라는 점이다.

비교적 최근 등장한 조직이론들 중 하나인 제도화 이론은 이처럼 환경(예 : 소비자나 국민)으로부터 어떤 조직(예 : 기업이나 정부)의 존재가 정당하다고 인정될 때 비로소 조직이 성공할 수 있다고 주장한다[11]. 이론의 제목에 나오는 제도(institution)란 인간의 행동에 영향을 미치는 사회적 측면(↔ 경제적 측면)의 제 요인을 총체적으로 일컫는 표현으로서 경제적 측면으로 설명되지 않는 규범, 윤리, 감정 등이 이에 해당하며, 제도화(institutionalization)는 조직이 사회구성원들로부터 이른바 정당성(legitimacy), 즉 조직의 활동이 바람직하고 적절하다는 인식을 획득함을 의미한다.

디마지오
(DiMaggio, P.)

제도화 이론에 의하면 유사한 제도적 환경에서 활동하는 조직들은 동일한 구조적 형태를 띠게 되는데, 이를 제도적 동형화(institutional isomorphism)이라고 한다. **디마지오와 포웰**(DiMaggio & Powell)에 따르면 제도적 동형화에는 3가지 유형이 있다. 첫 번째는 강압적 동형화(coercive isomorphism)로서, 이는 강압적 압력(정부규제나 법적 제약 등)에 의하여 조직간 유사성이 발생하는 것이다. (예 : 오염통제, 기업규제 등) 두 번째는 모방적 동형화(mimetic isomorphism)로서, 이는 환경의 불확실성이 높을 때 성공을 거둔 타 조직들을 모델로

삼아 모방하려는 것이다. (예 : 벤치마킹) 세 번째는 규범적 동형화(normative isomorphism)로서 이는 주로 전문적인 기준을 수용하거나 전문가 집단에서 가장 효과적이고 최선의 방법이라고 규정한 기법을 수용하는 방식이다. 정보기술(IT), 회계 기준, 마케팅 기법 등 여러 영역에서 이러한 규범적 동형화가 일어나고 있다. 경영대학원에서 어떤 기법이 다른 기법보다 나은 것이라 교육받은 전문가들은 외부에 이들 기법을 전파하게 되는 것이다. (예 : 외부전문가에 의한 컨설팅)

II. 조직에 영향을 미치는 요인들 : 그때 그때 달라요

앞서 구조적 상황이론을 언급하면서 조직관리방식에는 유일 최선의 원리가 있는 것이 아니라 조직이 처한 상황에 따라 다양한 관리방식이 존재할 수 있다는 점을 살펴보았다. 실제로 정부조직을 보면 대외환경의 변화와 정부의 정책목표에 따라 수시로 조직개편이 이루어지고 있다. 이명박정부 시절에는 교육과학기술부였던 부처가 박근혜정부 들어서는 각각 교육부와 미래창조과학부로 분리된 것, 세월호 참사 이후 기존 안전행정부 내 일부부서에 불과했던 안전기능과 인사기능이 각각 국민안전처(장관급)와 인사혁신처(차관급)로 신설개편된 것 등이 대표적 사례이다. 민간기업에서는 동일한 경영환경 하에서도 기업의 사정에 따라 업무를 분담하고 조직구조를 설계하는 내용이 달라진다. 상황이론을 연구하는 많은 학자들은 조직의 구조형성 과정에서 고려되는 상황요인으로 환경, 기술, 규모, 전략의 네 가지를 꼽는데, 이들 요인들이 어떻게 조직구조에 영향을 미치는지 그 세부내용을 살펴보자.

조직형성의 상황변수
환경, 기술, 규모, 전략

1. 환경과 조직

환경(environment)은 조직의 과업수행에 영향을 주지만 조직에 의해 통제되지는 않는 모든 요인들로 정의된다. 즉 조직이 환경에 영향을 주기는 어렵지만 환경이 조직에 영향을 줄 수는 있는 것이다. 조직이 처한 환경은 크게 일반환경(general environment)과 과업환경(task environment)으로 나뉜다.

전자는 조직에 간접적인 영향을 미치는 정치, 경제, 사회, 문화 및 기술 환경을 포함하며, 후자는 조직의 활동과 직접적인 연관이 있어 조직구조의 설계와 의사결정에 영향을 미치는 요소를 총칭한다.

톰슨(Thopmson)[12]과 던컨(Duncan)[13] 등의 학자들은 환경을 단순하고 안정적인 환경과 복잡하고 동태적인 환경으로 구분하였다. 단순하고 안정적인 환경은 무엇인가? 대개 환경분석시 고려하는 요소의 수(복잡성, complexity)가 적고(= 단순) 환경의 변화 정도(동태성, volatility)도 적은(= 안정) 경우이다. 간단히 말해서 신경쓸 것도 별로 없고, 설령 고려요인이 있다 해도 그것이 거의 변하지 않아서 한 번 만들어 둔 조직관리 방식을 오년이나 십년이나 써먹을 수 있는 경우가 안정적 환경이다. 앞서 살펴본 관료제 조직이 안정적 환경하의 대표적인 조직사례가 된다. 반면 복잡하고 동태적인 환경은 고려해야 할 요인의 수가 많고(= 복잡), 그 변화속도도 빠른 경우(= 동태)가 된다. 첨단기술을 활용하는 정보통신 산업에서의 여러 기업들이 이러한 동태적 환경하의 대표적 조직사례이다. 이상의 내용을 도식화하면 [그림 4-3]과 같으며, 각 차원별 내용은 다음과 같이 정리할 수 있다[14].

안정적 조직

- 제1상한(단순, 안정) : 환경에서의 고려요인이 복잡하지도 않고 동태적이지도 않다면 환경의 불확실성은 매우 낮다. 소금 산업이나 제철업이 이에 해당한다.
- 제2상한(복잡, 안정) : 대학교는 고교생의 입시부터 외국대학의 국내교육시장 진출 여부까지 고려해야 할 요인들이 많아서 복잡하기는 하지만 그 변동이 매년 크게 일어나지는 않는다. 부모의 학구열과 신입생의 성적수준이 일정하기 때문이다. 이와 유사한 사례로 병원을 들 수 있다. 여기서도 진료항목의 수는 많지만 의료행위의 세부내용이 변화할 가능성은 높지 않다.

[그림 4-3] **환경의 구분**

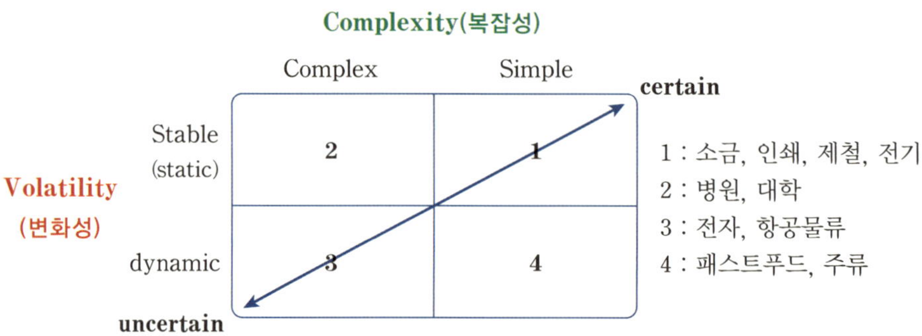

- 제3상한(복잡, 동태) : 고려해야 할 요소가 많고 그들이 시시각각으로 변화한다면 환경 불확실성은 매우 높다고 볼 수 있다. 전자산업과 항공물류업 등은 전세계의 소비자와 경쟁업체로부터 영향을 받는다. 소비자 수요와 경쟁업체의 전략이 수시로 바뀌고 물동량의 변화 역시 세계적 경기변동의 영향을 받기 때문에 불확실성이 최고조에 이른다.
- 제4상한(단순, 동태) : 신세대 여성의류산업에 속하는 기업이라면 10~20대 여성의 기호변화와 디자인 변화만 고려하면 되므로 고려요인의 수는 적은 편이지만 이들 요소들의 변화폭은 무척이나 크다.

동태적 패션산업

환경에 따라 조직구조가 어떻게 달라지는지에 대해서는 **번스와 스토커**(Burns & Stalker)의 연구가 대표적이다[15]. 그들은 환경에 따라 조직구조의 유형이 기계식 조직과 유기적 조직으로 나뉘어진다고 보았다. 물론 이 두 유형은 극단적 형태의 조직이므로 현실의 조직들은 극단적인 기계적 조직과 극단적인 유기적 조직 사이에 위치한다고 볼 수 있다.

번즈와 스토커의 저서

단순하고 안정적인 환경 하에서는 기계식 구조(mechanistic structure)가 형성되는데, 그 특징은 철저한 분업과 위계서열, 많은 수의 규칙, 권한의 집중화 등을 들 수 있다. 앞서 살펴본 베버의 관료제 조직이나 잠시 뒤 살펴볼 기능식 조직 등은 모두 기계적 조직의 대표적 예이다.

반면 복잡하고 동태적인 환경 하에서는 유기적 구조(organic structure)가 형성되는데, 그 특징은 구성원들간의 강한 팀워크, 명령과 복종이 아니라 수평적이고 동등한 의사소통구조, 규정보다는 구성원 각자의 전문성과 재량권을 중시하는 조직문화, 의사결정 권한의 분권화 등을 들 수 있다. 잠시 뒤 살펴볼 매트릭스 조직이나 네트워크 조직 등은 유기적 조직의 대표적 예이다.

2. 기술과 조직

'기술'이라 하면 흔히 제품을 만드는데 동원되는 지식과 노하우를 생각하기 쉽다. 그러나 인사조직론에서의 기술(technology)이란 단순한 생산기술만을 의미하는 것이 아니라 조직이 목표를 달성하기 위해 수행하는 각종 활동에 반영되는 모든 지식과 방법을 포괄적으로 지칭하는 개념이다. 즉 사람을 관리하는 방식, 의사결정의 노하우, 업무를 분배하고 전략을 수립하는 방식 등이 모두 기술이 된다. 조직이 사용하는 기술의 유형은 조직 구성원들이 과업을 수행하는 방식뿐만 아니라 조직의 구조에도 영향을 미치는 상황변수라 할 수 있다. 예를 들어 자동차의 대량생산기술은 원유를 정제하는 기술과는 다르므로 자동차공장과 원유공장에서는 각기 다른 특성의 부서를 필요로 하며, 종합병원 응급실의 의료서비스업무는 은행의 일상적인 서비스업무와는 다른 별개의 조직구조를 요구한다[16].

우드워드 (Woodward, J.)

기술이 조직구조에 미치는 영향을 처음으로 연구한 **우드워드**(Woodward)는 제조과정의 '기술적 복잡성', 즉 기계화의 정도에 따라 기술유형을 단위생산기술, 대량생산기술, 연속공정생산기술의 세 가지로 분류하였다[17]. 단위생산기술은 특정 고객의 주문에 따라 소량으로 생산하는 방식을 택하는 가죽공방 같은 조직에서 채택되는 기술유형이고, 대량생산기술은 자동차나 가전제품과 같이 대규모 조직에서 순차적 조립공정을 거쳐 생산하는 경우이며, 연속공정생산기술은 석유화학 공장이나 원자력 발전소와 같이 생산의 전 과정이 기계화되어 있으며 설비투자비용이 매우 많이 드는 경우의 기술을 지칭한다. 우드워드에 따르면 특정한 조직이 기계식 구조로 돌아가는지 아니면 유기적 방식으로 운영되는지의 여부는 해당 조직이 사용하는 생산기술의 유형에 따라 결정되는데, 그가 직접 영국 100여개의 업체를 조사한 결과 대량생산기술을 사용하는 조직은 대부분 기계식 구조로, 단위생산기술과 연속공정생산기술을 사용하는 조직은 주로 유기적 구조로 운영되었다고 한다.

페로우 (Perrow, C.)

한편 **페로우**(Perrow)는 업무수행 과정에서 발생하는 예외의 빈도인 과업다양성(task variability)과 발생된 문제의 분석가능성(problem analyzability)이라는 양 차원에 따라 기술을 다음의 넷으로 구분하였다. 먼저 예외적인 경우가 드물며(다양성 低) 발생하는 문제가 쉽고 분석가능성이 높은 경우의 조직기술은 일상적 기술(routine, 예 : 철강산업), 과업의 다양성이 낮으며 발생하는 문제가 어렵고 복잡하며 생소해서 그 분석가능성이 낮은 경우의 조직기술

[그림 **4-4**] **페로우의 기술유형과 조직구조특성 간 관계**

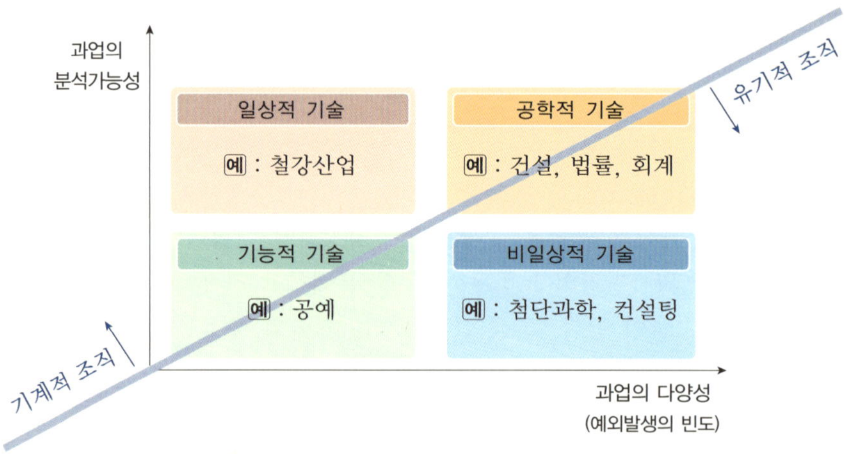

은 기능적 기술(craft, 장인 기술, 예 : 공예), 과업의 다양성이 높아 예외가 빈번하지만 잘 짜여진 공식과 기법에 의해서 문제의 분석가능성이 높은 경우의 조직기술은 공학적 기술(engineering, 예 : 건설, 법률, 회계), 과업의 다양성이 높아 예외가 많고 문제의 분석가능성이 낮은 기술은 비일상적 기술(nonroutine, 예 : 첨단과학, 컨설팅)로 분류하였고, 이들 기술유형변수의 각각과 조직구조의 제 측면 간 관계를 논하였다.

일반적으로 과업의 다양성이 클수록 생산이나 업무수행의 과정에서 예상치 못한 새로운 일들의 발생빈도가 올라간다. 따라서 과업다양성이 클수록 조직의 전반적 구조는 유기적 구조에 가까워진다. 한편 분석가능성이 높은 작업은 해결책을 찾는 방법이 구조화되어있기에 구성원 간의 긴밀한 소통보다는 이미 정해진 프로그램이나 매뉴얼에 입각하여 의사결정하는 것이 가능하다. 따라서 분석가능성이 높을수록 조직의 전반적 구조는 기계식 구조에 가까워진다. 결론적으로 일상적 기술을 사용하는 조직에서는 기계식 구조가, 비일상적 기술을 사용하는 조직에서는 유기적 구조가 더 적합하다고 볼 수 있다.

3. 규모와 조직

규모(size)는 제3장에서 살펴본 바와 같이 조직구성원의 수를 뜻한다. 규모는 조직의 자산규모, 매출, 고객의 수 등 일반적으로 조직성과를 측정하는데 활용되는 각종 변수들과 유의미한 관계가 있는 것으로 밝혀져 있다.

일반적으로 규모가 조직에 미치는 영향은 다음과 같다[18]. 첫째, 조직구성원의 수가 늘어나서 부서의 수가 증가되면 이들을 통제하기 위하여 각종 규정과 절차가 새로 만들어진다. 둘째, 조직구성원의 수가 늘어나면 한 부서에 소속되는 인원 수도 대개 증가하는 경우가 많으므로 부서 내부적으로도 권한위임과 그에 따른 각종 후속조치가 뒤따르게 된다. 소규모 조직보다 대규모 조직에서 상사 홀로 모든 일을 처리하기가 더욱 힘들기 때문이다. 셋째, 조직구성원의 수가 증가하는 이유는 업무량 증가와 더불어 새로운 과업이 추가되기 때문이다. 따라서 이 경우 비슷한 일끼리 묶어서 하나의 부서로 만들기도 하고 새로운 업무를 전담할 부서를 신설하기도 한다.

규모가 증가하면…
① 규정과 절차가 증가한다.
② 권한위임이 발생한다.
③ 새로운 부서가 생긴다.

4. 전략과 조직

전략(strategy)이란 기업의 목적을 달성하기 위하여 경쟁환경의 제약 하에

챈들러
(Chandler, A. D.)

서 조직 전체와 그 구성부문들 모두를 하나의 방향으로 이끄는 목표, 계획, 방침을 종합적으로 일컫는 단어이다. 하버드대 교수를 역임한 **챈들러**(Chandler)가 '구조는 전략을 따른다'는 일반명제를 내놓은 이후, 마일즈와 스노우, 포터 등이 전략이 조직구조에 미치는 영향에 관한 연구를 수행하였다[19].

마일즈와 스노우(Miles & Snow)에 따르면 성공하는 전략유형에는 세 가지가 있다. 첫째는 역동적 환경 하에서 위험을 감수하는 동시에 효율성보다는 창의와 혁신 및 모험을 추구하는 공격형 전략(prospector, 혁신형)이고, 여기서는 유연한 분권형 조직의 효과성이 크다. 두 번째는 안정적 환경 하에서 현상유지 및 안정을 추구하는 방어형 전략(defender)이며, 여기서는 효율성과 생산성을 중시하는 집권형 조직의 효과성이 크다. 세 번째는 분석형 전략(analyzer)으로, 이는 혁신과 안정성을 동시에 추구하는 전략으로서 공격형 전략과 방어형 전략의 중간에 위치한 것이다.

포터
(Porter, M. E.)

포터(Porter)는 산업 내 경쟁관계 속에서 특정 기업이 타 기업에 비해 우위를 점하는 방법으로서 다음의 세 가지 전략을 소개하였다. 첫 번째는 타사에 비해 상대적으로 저렴한 재화 및 용역을 공급하는 원가우위(cost leadership) 전략이고, 두 번째 전략은 타사가 제공할 수 없는 특이하고 우수한 제품 및 서비스를 제공하는 차별화(differentiation) 전략이다. 세 번째는 집중화(focus) 전략으로서 이는 경쟁의 범위가 좁은 시장(niche) 내에서 원가우위나 차별화 중 하나를 선택하여 사용할 수 있다. 대개 원가우위 전략을 수립하는 기업에서는 권력의 집중도와 규정 및 절차의 체계화 정도가 커지는 반면 차별화 전략을 수립하는 기업에서는 분권화와 유연성이 늘어나게 된다.

Ⅲ. 조직구조의 여러 모습

조직구조(organizational structure)란 조직의 목표달성을 위하여 업무내용이나 보고라인 또는 문제발생시 해결담당자 등의 위치나 역할을 합리적으로 배열한 모습이다. 조직구조를 그림으로 표현한 것을 **조직도**(organizational chart)라 하며, 이는 공식적 보고체계, 명령계통, 관리계층, 책임소재, 부서와의 관계 등을 보여준다. 조직구조는 조직성과에 영향을 미치는 동시에,

[그림 4-5] 기능식 조직

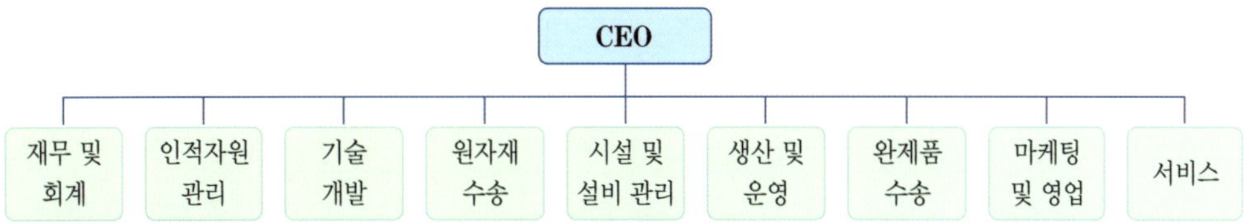

구성원들의 행동방식이나 상호작용의 양상을 결정하는 데 일정한 역할을 한다. 앞서 대표적인 조직구조유형으로 기계식 조직과 유기적 조직을 살펴보았는데 이들은 모두 이상적인 경우의 극단적 조직유형이며, 이하에서는 실제 기업과 정부에서 발견할 수 있는 다양한 조직형태들의 개념과 특징들을 간략히 살펴본다[20].

조직도

1. 기능식 조직

기능식 조직(functional organization)은 직능식 조직이라고도 하며, 내용이 유사하고 업무관련성이 높은 조직의 구성부문(예 : 인사, 재무, 생산, 마케팅 등)들을 중심으로 결합하여 설계한 조직 형태이다. 주로 조직의 핵심기능요소를 기준으로 분업의 원리에 따라 편성되는 경우가 많으며, 탄생 초기의 조직들은 대부분 기능식 형태를 취한다. 일반적으로 환경이 안정적이고 각 부서간의 상호의존도가 그리 높지 않을 때, 그리고 조직의 규모가 비교적 작고 소수의 제품이나 서비스를 생산할 때 적합하다고 알려져 있다.

테일러의 과학적 관리론에서 말하는 조직이 바로 기능식 조직이다.

2. 사업부제 조직

사업부제 조직(divisional structure)은 조직을 그 최종생산물(제품) 또는 시장이나 고객을 기준으로 하여 분할된 하위 관리단위들로 편성하는 것이다. 여기서 전체조직의 구성부분이 되는 사업단위를 사업부(division)라 하며, 이들 사업부는 각 사업영역이나 제품 또는 고객에 대하여 독자적인 생산과정과 이익책임을 갖게 된다. 사업부제는 일반적으로 많은 종류의 제품을 생산하는 대규모 조직 또는 예외가 많아 비일상적인 기술을 사용하는 경우에 효율적으로 작동한다. 대부분의 대기업은 사업부제를 채택한다고 보면 된다.

윌리암슨은 대규모 조직의 경우 거래비용을 줄이기 위해서 사업부제를 사용하는 것이 효과적이라 보았다.

[그림 **4-6**] **사업부제 조직**

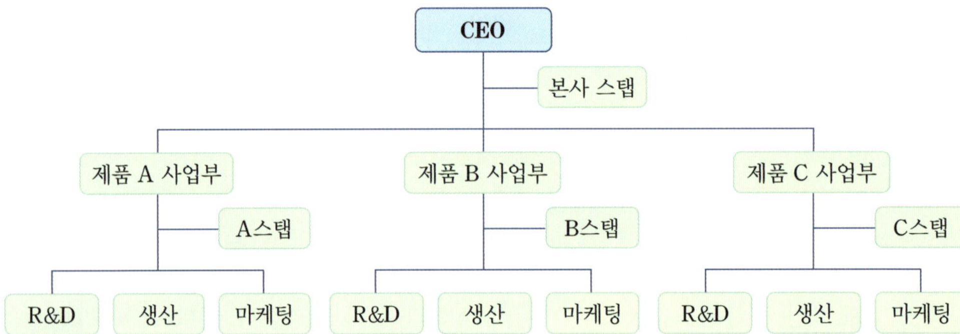

3. 매트릭스 조직

매트릭스 조직(matrix organization)은 서로 다른 두 종류의 조직구조를 결합한 형태의 조직구조이다. 즉 조직의 한 방향으로는 전통적인 기능별 또는 업무별 조직을 배치하는 한편 다른 방향에서는 프로젝트별 · 제품별 · 지역별 조직부문을 배치하여 종횡으로 엮어 구조를 형성한다. 원래 대부분의 조직에서는 명령일원화, 즉 한 명의 상사에게 보고하는 시스템을 갖추고 있으나, 매트릭스 조직은 전통적인 명령일원화의 원칙에서 벗어나는 예외적 형태의 조직이다. 즉 [그림 **4-7**]에서처럼 복수의 상사에게 보고하는 시스템인 것이다. 이러한 경우가 과연 있을까?

있다. 대부분 조직에서는 일상적으로 수행하는 평상업무와 임시적으로 주어지는 프로젝트성 업무가 공존한다. 예를 들어 국내에서만 사업을 영위하던 기업이 내년부터 일본 도쿄에 현지법인을 설립하기로 하였다면, 내년 법인설립 이전에 그 실무를 담당할 부서가 사전에 마련되어야 한다. 법인설립을 위해서는 법적 검토를 담당할 인력, 도쿄에 건물을 알아보고 계약을 체결할 인력, 현지 협력업체들과의 관계를 쌓아나가야 할 인력 등등 분야별로 여러 명의 직원이 필요하다. 그러나 이들을 신규로 채용하기에는 부담스럽다. 왜냐하면 내년에 현지법인이 출범하고 나면 지금껏 해 왔던 준비작업들은 모두 끝나기 때문이다. 따라서 이러한 경우에는 기존 기업의 보유인력 중 실력있는 인재들을 차출하여 일본 현지법인 설립업무를 맡긴다. 이 때 이들 차출인력들은 기존에 이미 하고 있던 업무와 새로운 업무를 병행하는 경우가 많다. 이것이 바로 임시적 형태의 매트릭스인 것이다.

이 때의 조직구조를 태스크포스(task force)라 부르기도 한다.

[그림 4-7] 매트릭스 조직

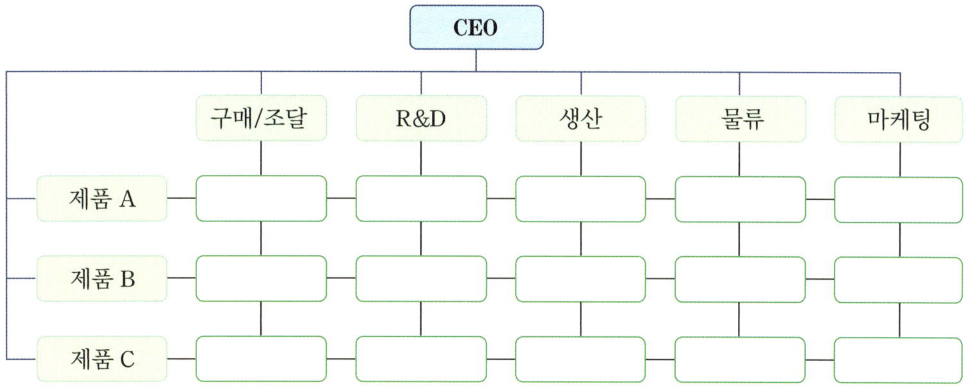

4. 네트워크 조직

Apple사는 스마트폰 등의 제품을 기획하고 디자인하며 마케팅하는 역할만 본사에서 수행하고, 생산과 조립 등의 업무는 중국 등에 있는 협력업체에게 전적으로 맡긴다. 그렇다면 iPhone은 미국산인가, 아니면 중국산인가? 우리나라의 많은 기업들도 생산기지를 해외로 이전하는 경우가 많은데, 이는 현지의 저렴한 노동력을 활용하는 동시에 해외진출의 교두보를 마련하기 위함이다. 이처럼 최근의 많은 조직들은 서로 자신이 강한 분야를 맡는 방식으로 협력하는 경우가 많으며, 이 때 이들 조직간에는 네트워크(network)가 형성되었다고 표현한다.

글로벌 네트워크

네트워크 조직(network organization)은 급변하는 환경에 대응하여 기업경영의 핵심인 지식과 정보의 원활한 소통, 공유, 창조와 아울러 원가절감을 가능케 하기 위해 여러 조직간 유기적인 연계를 극대화한 조직으로서, 주로 IT 기술에 기반하여 여러 조직들이 (甲乙관계나 권력관계가 아니라) 서로 수평적으로 연결되어 각자 자신의 핵심역량에 해당하는 업무를 수행하게 된다. 이는 곧 각 기업의 입장에서는 자신의 고유역량 외의 기능들을 외주(outsourcing)할 수 있음을 뜻한다. 이 경우 조직과 조직간의 전통적인 경계(boundary)가 없어지는 개방적 운영이 이루어지게 된다. 네트워크 조직은 가상조직(virtual organization) 또는 모듈형 조직(modular organization)으로 불리기도 한다.

1) Scott, W. R. (2003). *Organizations : Rational, natural, and open systems*. New Jersey : Prentice-Hall.
2) 유종해(2000), 『현대조직관리』(제5전정판), 서울 : 박영사
3) 고임금을 지급하면 일부 근로자들이 이에 반응하여 다른 직원들보다 더욱 열심히 일할 가능성이 있다. 그 결과 다수의 일반적 종업원이 무기력하게 근무할 때에 비해 조직성과가 향상된다면 결과적으로 비교적 소수의 직원으로 더 큰 성과를 내는 것이 가능한 것이다. 쉽게 표현하면 10명의 몫을 하는 1명의 근로자에게 1인당 평균임금의 3배를 지급하여 동기부여를 유지할 수만 있다면, 나머지 9명의 근로자 없이도 같은 성과를 낼 수 있는 것이며, 이때의 인건비는 10명 모두를 고용할 때보다 획기적으로 줄어든다.
4) 이창원 · 최창현(2012). 『새 조직론』(전정3판), 서울 : 대영문화사, pp.53~54.
5) 2016년 7월 15일 기준 정부 조직도이다.
출처 : 대한민국 청와대 홈페이지(http://www.president.go.kr/)
6) 이용수 · 박래건(2016.07.01), "똑같이 뉴욕 가는데… 일반인 111만원, 공무원 421만원", 「조선일보」(http://news.chosun.com/site/data/html_dir/2016/07/01/2016070100288.html)
7) Galbraith, J. (1973). *Designing complex organization*. Reading. MA : Addison-Wesley.
8) Roethlisberger, F. J., & Dickson, W. J.(1939). *Management and the worker : An account of a research program conducted by the Western electric company, Hawthorne works, Chicago*. Cambridge, MA : Harvard University Press.
9) 최종태(2000), 『현대인사관리론』(전정판), 서울 : 박영사, pp.696~699.
10) Pfeffer, J., & Salancik, G. R.(1978). *The external control of organizations*. LY : Harpper and Row.
11) Scott, W. R. (1995). *Institutions and organizations*. Thousand Oaks, CA : Sage.
12) Thompson, J. D. (1967). *Organizations in action*. New York, NY : McGraw-Hill.
13) Duncan, R. (1972). Characteristics of organizational environment and perceived environment uncertainty. *Administrative Science Quarterly*, 17, pp.313~327.
14) 임창희(2015), 『조직론 이해』(제2판), 서울 : 학현사
15) Burns, T., & Stalker, G. (1961). *The management of innovation*. London : Tavistock Publication.
16) 김남현 · 김정원 · 류태모 · 송경수 · 정현우(2015), 『경영학원론』, 서울 : 경문사, p.155.
17) Woodward, J. (1965). *Industrial Organization : Theory and practice*. London : Oxford University Press.
18) 임창희, 전게서
19) Daft, L. R. (2010). *Organization theory and design* (10th ed.). Mason, OH : South-Western Cengage Learning.
20) Daft, *Ibid*.

CHAPTER 5 직무와 사람

CHAPTER 5

Ⅰ. 일할 맛 나는 일은 따로 있다? : 직무특성이론

FUNDAMENTALS OF MANAGEMENT

직장생활을 해 본 사람이라면 누구나 느끼는 것 중의 하나가 일이 내 적성에 맞지 않을 경우 매일 출근하는 것이 무척이나 괴롭다는 점이다. 사실 경쟁지향적인 한국사회의 속성상 취업을 준비하는 많은 청년들이 자신의 적성과 흥미를 진지하게 탐구하여 직장을 구하는 경우는 거의 드물다고 볼 수 있다. 대부분 학점이나 어학실력 등의 소위 '스펙[1]'을 남들보다 높은 수준으로 마련해 두는 것이 취업준비에 할애되는 시간의 상당부분을 차지한다는 것은 주지의 사실이다. 나의 적성과 직무에 대한 진지한 성찰은 취업 후 일정시간이 경과된 이후 이루어지는 경우가 보통이며, 만약 이 때 적성과 직무가 잘 맞는다면 다행이겠으나 그렇지 않다면 이후의 직장생활은 고통의 연속이 될 가능성이 크다. 따라서 행복한 직장생활을 위해서 우리는 나 자신을 잘 알아야 하고, 동시에 내가 잘 할 수 있는 일이 무엇인지에 대한 고민을 해야 한다. 그러려면 조직에서 개인에게 부여하는 직무에 대한 기초지식이 필요할 것이다. 이번 장의 목표는 바로 사람이 조직 내에서 수행하는 일, 즉 직무의 의미와 좋은 직무가 갖추어야 할 조건을 살펴보는 것이다.

스펙쌓기에 열중하는 젊은이들

1. 직무의 의미

흔히 직장에서 각자가 수행하는 일을 지칭하는 용어로 직무, 과업, 업무 등의 용어가 사용되고 있는데, 인사조직론에서는 조직구성원들이 수행하는 일을 대개 직무라 부른다. 직무(job)는 동일하거나 유사한 일들을 한데 묶어서 표현하는 용어로서, 특정한 목표수행을 위한 작업을 뜻하는 과업(task)보다는 넓은 범위의 용어이며, 유사한 직무들이 모여서 이루는 직군(職群) 또는 직렬(職列)보다는 좁은 범위의 용어이다[2].

- 과업 : 입사지원 서류 검토
- 직무 : 채용 담당
- 직군 : 인사직류

과업(task) < 직무(job) < 직군(job family, 직렬)

직무는 조직이 인력을 관리하는 기초단위가 된다. 실제로 과학적으로 종업원을 선발하고 배치하며 교육하고 승진시키기 위해서는 각 직무에 요청되는 자질을 파악할 필요가 있다. 또한 직무의 내용이 무엇인지 정리를 해

[그림 5-1] 직군의 분류

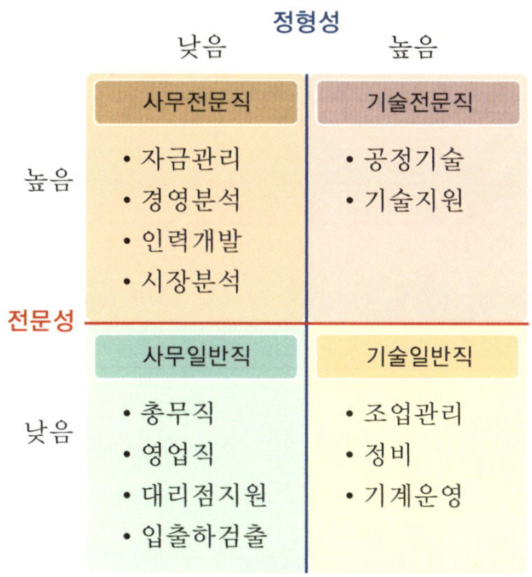

두면 이 자료를 토대로 구성원의 업무수행 내용을 판단하기도 쉬워진다. 때로는 직무의 중요도에 비추어 임금을 달리 책정할수도 있다. 따라서 직무에 대한 체계적 관리는 합리적이고 과학적인 인사관리의 출발점이라 할 수 있는 것이다.

2. 바람직한 직무의 특성

일단 능력있는 사람이 조직에 들어왔다면 조직은 마땅히 그에게 그가 충분히 흥미를 느끼고 재미있어 할 만한 직무를 부여해야 할 것이다. 그렇지 않다면 조직입장에서는 인재를 제대로 활용하지 못하는 큰 불행이 되며 개인입장에서도 인생의 소중한 시간을 낭비하게 된다. 따라서 학자들은 어떤 직무가 과연 좋은 직무인지에 대한 고민을 하게 되었고, 그 답을 제시하는 대표적 이론이 바로 직무특성이론(job characteristic theory)이다. **해크만**(Hackman)과 올드햄(Oldham)은 직무의 특성(Job characteristics)이 동기부여의 가장 결정적 요인이라 보았다. 직무가 바람직한 속성을 갖출 경우 종업원의 심리상태에도 긍정적인 영향을 주어 마침내 개인의 동기부여와 직무만족, 나아가 조직성과에까지 바람직한 결과를 이끌어 낼 수 있다고 본 것이다. 직무특성이론의 핵심내용은 다음과 같다.

해크만
(Hackman, J. R.)

좋은 직무 ➠ 긍정적인 심리상태 ➠ 근로의욕 향상과 조직성과 증진

이하에서는 종업원의 동기유발과 조직성과 향상에 도움이 되는 이른바 '좋은 직무'가 도대체 어떤 특징을 가지고 있는지 하나씩 살펴본다. 해크만과 올드햄은 모두 다섯 가지의 특징을 제안하였다[3].

1) 일은 지루하지 않아야 한다 : 기술다양성

사람은 기본적으로 여러 가지 능력과 재능을 가지고 있다. 글을 잘 쓰는 능력, 여러 사람들 앞에서 프레젠테이션을 능숙하게 하는 능력, 데이터의 파악과 정리를 잘 하는 능력, 미적 감각을 발휘하여 디자인을 잘 하는 능력 등등. 그러나 우리가 갖고 있는 이러한 많은 능력과 재능들이 모두 조직생활에서 발휘되는 것은 아니다. 앞서 살펴본 바와 같이 조직은 분업을 통한 효율성의 창출을 목표로 하는 경우가 많기에 우리가 가진 많은 지식과 재능, 그리고 기술 가운데 실제로 업무에서 사용되는 부분은 극히 일부분에 지나지 않는다. 이러한 일부분의 역량만을 반복적으로, 지속적으로 사용할 경우 우리는 동물이 아니기에 금새 지루함을 느끼게 되며, 근로의욕도 점차 낮아질 것이다.

반대로 직무가 우리의 기술과 재능과 지식을 고루고루 활용할 수 있도록 설계되어 있다면, 즉 일을 하는 과정에서 우리가 가진 여러 역량을 골고루 써먹을 수 있다면 우리는 일을 하는 과정에서 지루함을 느낄 틈이 없을 것이다. 해크만과 올드햄은 바로 이 점에 주목하여, 좋은 직무가 갖추어야 할 첫 번째 특성으로 기술다양성을 꼽았다. **기술다양성**(skill variety, 기능다양성)이란 직무가 요구하는 활동의 폭과 범위를 뜻한다. 업무시간 동안 한 가지만을 반복하는 경우보다 자신이 가진 여러 지식과 기능들을 번갈아가며 일을 수행하는 경우의 이점은 크게 다음의 두 가지이다. 첫째, 스스로가

기술다양성과 유사한 의미로 과업다양성이 있다. 이는 본인이 수행하는 업무 자체의 종류가 여러 가지라는 의미이다(그림 5-2 참조).

[그림 5-2] 기술다양성(左)과 과업다양성(右)

의미있는 존재라는 생각을 하게 된다. 대부분의 사람들은 자신의 가치를 스스로가 수행하는 일로부터 찾으려는 경향이 있다. 내가 나의 업무에 흥미를 느끼고 재미를 발견하게 된다면 자신의 가치를 보다 높게 인식할 가능성이 크다[4]. 둘째, 이직하려는 욕구를 줄일 수 있다. 사람은 본질적으로 새로운 것을 추구하려는 특성을 가지고 있다. 일이 재미없다면 새로운 일이나 새로운 직장을 찾게 된다. 따라서 직무내용의 다양성은 새로운 직무나 직장으로의 전환욕구를 감소시키는 기능을 수행할 수 있다[5].

2) 직무수행을 통해 무엇을 달성하려 하는지를 알아야 한다 : 과업정체성

조직탄생의 핵심원리인 분업(division of labor)을 통해 인류는 생산성의 급격한 향상을 경험하였다. 분업에 의해 각자 자신이 잘 할 수 있는 일을 맡아 생업을 유지하게 되면서 우리는 원시인류가 그랬던 것처럼 의 · 식 · 주를 스스로 충족하기 위해 세상을 떠돌아 다닐 필요가 없어졌다. 그 결과 육신의 안락함과 풍족한 생활을 누리게 되었다. 하지만 그 과정에서 우리는 인간소외를 경험한다. **인간소외**(人間疏外)란 인간이 스스로 창출한 재화에 의해 도리어 지배되면서 인간성과 인격을 상실해가는 과정을 뜻한다. 인간이 기계를 만들었지만 오늘날의 공장에서는 우리의 노동시간이 기계의 작동시간에 연동되며, 철저한 분업으로 말미암아 주변 동료와 형식적인 인간관계만 겨우 유지한다. 첨단 IT기술의 발전에 힘입어 전세계의 누구와도 연결되어 있지만, 정작 외롭고 힘들 때 불러내어 이야기 할 수 있는 친구는 점점 줄어든다. 이러한 현상이 모두 인간소외의 예이다. 인사조직론에서는 인간소외의 핵심내용을 다음과 같이 정리한다[6].

인간소외

- 소유감으로부터의 소외 : 농경사회에서 농부는 자신의 노력으로 생산된 농작물을 자신의 소유물로 갖고 있다가 시장에 팔아서 소득을 얻었다. 그러나 현재의 근로자들은 농부보다 평균 소득 수준이 높지만 자신이 생산한 결과물이 자신의 소유물이 아니다. 각자가 노력한 결실은 모두 조직으로 귀속된다.
- 노동으로부터의 소외 : 작업자가 직접 수행하던 대부분의 일을 기계가 맡게 되어 일로부터 얻을 수 있는 기쁨과 보람을 잃는다. 즉 업무가 어떻게 진행되는지의 과정을 이해할 필요 없이 주어진 일만 하면 되는 경우가 많아 점차 파편화된 업무만을 수행하게 된다.
- 생활공간으로부터의 소외 : 현대인에게 더 이상 작업공간은 삶의 공간이 아니다. 직장에서 우리들은 조직이 우리로 하여금 행하기를 명령하

는 기능만 반복하게 되므로 인간성을 억압당하고 그 결과 불만이 증가하게 된다.

- 협동으로부터의 소외 : 분업화로 인하여 동료들과의 인간적 교류 기회가 줄어들었다. 대화가 줄어들고 각자 주어진 일만 수행하면 된다. 따라서 동료는 동지 내지는 동반자라기보다는 그냥 '내 옆에 앉아있는 사람' 그 이상도 그 이하도 아닌 존재로 여겨진다. 나도 나의 동료에게 그렇게 인식될 것이다.

분업으로 인한 인간관계의 파편화를 잘 보여주는 사례 하나를 소개한다[7].

탄광에서의 작업

제2차 세계대전 이후 영국의 한 탄광회사에 신기계가 도입된 이후로 분업화와 표준화가 진행되었다. 그 결과 종업원 개인의 업무강도는 완화되었으나 불만과 결근율이 이전보다 증가하고 생산성도 별로 증가하지 않았다. 타비스톡 연구팀(Tavistock Group)에 따르면 이러한 현상의 원인은 신기술의 도입으로 인하여 기존에 형성되어 있던 인간적 관계나 규범이 깨어지고 친밀한 상호관계와 응집력이 해체되었기 때문이었다. 따라서 연구팀은 과거에 존재하던 역할관계와 작업방식을 살려둔 채로 신기술을 서서히 도입할 것을 제안하였고, 그 이후 생산성이 오르고 불만도 줄어들게 되었다. 이들의 연구결과는 조직의 기술적 시스템과 인간관계 시스템은 서로 적절하게 조화되어야 하며 조직 내 과업이나 역할관계를 변화시키려 할 때는 인간관계나 집단적 규범을 혼란시키지 말고 점진적으로 시도해야 한다는 사실을 알려주고 있다.

–출처 : 임창희(2010), 『조직론』

인간소외로 인한 문제점은 어떻게 극복할 수 있는가? 분업을 하지 않는 기존 상태로 돌아가야 하는가? 인류가 문명생활을 포기하지 않는 이상 분업으로 인한 효율성을 무시할 수는 없다. 잘 생각해보면 분업이 활성화된 산업사회 이전의 농경사회에서도 민중 다수는 고된 노동에 시달려 왔다. 따라서 분업만이 문제인 것은 아니다. 주된 문제는 우리가 각자 수행하는 일 자체에만 매달리다보니 전체적인 큰 그림을 그릴 수 없게 된 것, 바로 그것이다. 상사가 시키는 보고서 작성에 몰두하는 한 직원은 내가 왜 이 보고서를 작성해야 하며, 이 보고서가 어떤 용도로 활용될 것인지, 그리고 이 보고서의 주된 독자층이 누가 될 것인지 모르는 상태에서 보고서를 작성하는 경우가 많다. 그러다보니 상사의 눈에는 어떤 보고서를 작성해 가도 썩 마음에 들지 않을 수 있다. 그렇다고 상사가 보고서에 대하여 구체적인 이야기를 해 주는 것도 아니다. 그러니 직원은 점차 주눅이 들고 상

농경사회

사의 마음에 들기 위해 눈치를 보게 된다. 자동차 조립라인에서 일하는 직원도 마찬가지이다. 자동차 생산의 어느 부분에 기여하는 작업을 본인이 하는지 작업 초반에는 잘 알고 있다. 그러나 이 일이 매일 매일 반복되다 보면 점차 내가 어떤 자동차의 어느 부분을 위한 작업을 수행하는지 망각하게 될 수 있다. 그저 내 일이니 해야하는 것일 뿐, 전체의 어느 부분에 해당하는 일인지 모른다면 동기가 갈수록 저하될 수밖에 없다.

해크만과 올드햄은 이러한 관점에서 좋은 직무가 갖추어야 할 두 번째 조건으로 과업정체성을 꼽았다. 과업정체성(task identity)이란 우리가 직무를 수행하는 과정에서 전체업무와의 연관성을 조망할 수 있는 정도를 뜻한다. 조금 어렵게 표현하자면 '직무담당자가 과업의 일부분이 아닌 전체의 완전한 작업단위를 인식하는 정도' 이다[8]. 신용카드를 발급받기 위해 은행창구에 한 고객이 왔을 때, 그 고객을 응대하는 직원은 단순히 고객이 요구하는 신용카드 발급만을 담당할 것이 아니라 고객의 예금현황과 재무상태를 토대로 보다 합리적인 금융상품을 추천하고 고객의 생애소득 증대에 도움이 될 수 있는 유익한 조언을 제공할 수 있어야 한다. 그러한 직원이야말로 '내가 무슨 일을 하는가?' 에 대한 제대로 된 답을 알고 있는 사람인 것이다. 따라서 과업정체성이란 자신이 담당하는 세분화된 직무가 궁극적으로 영향을 미칠 보다 큰 차원에서의 업무를 이해하고 깨닫는 것이다. 상사는 부하직원이 스스로의 과업에 대한 정체성, 즉 업무에 대한 큰 그림을 그릴 수 있도록 해 줄 필요가 있다.

3) 좋은 일은 많은 사람에게 영향을 미친다 : 과업중요성

자취방에서 혼자 먹기 위한 음식을 만들 때보다 가족을 위한 식사를 준비할 때 우리는 보다 많은 신경을 쓰게 된다. 혼자 운전을 할 때보다 옆에 누군가 함께 타고 있을 때 운전자도 보다 세심하게 운전하게 된다. 이처럼 우리는 일을 하는 과정에서 다른 사람과의 관련성이나 그들에게 미칠 영향을 고려하는 경우가 많다. 직장에서 업무를 수행하는 과정에서도 우리의 과업수행 하나하나가 타인에게 큰 영향을 미친다는 점을 인지하고 있다면, 그 사람은 보다 많은 에너지와 집중력을 발휘하여 업무를 해 나갈 것이다. 이를 해크만과 올드햄은 과업중요성(task significance)이라 불렀다. 이는 나의 일이 조직의 목표달성이나 다른 조직구성원 또는 고객의 삶에 영향을 주는 정도를 의미한다.

(A) 서울 시내의 한 대형 백화점에서 입점 업주들을 관리하는 역할을 담당하는 민수씨는 이직을 심각하게 고민중이다. 애초에 입사당시부터 경쟁기업에 원서를 썼다가 탈락되어 어쩔 수 없는 대안으로 현재의 직장에 다니게 되었기에, 회사에 대한 애착이 덜하다. 그래도 직장생활 3년차에 접어들면서 어느 정도 입사당시의 불만은 줄어들었으나, 문제는 지금 하는 일에서 흥미를 느끼지 못하는 것이다. 백화점 내 입점한 점포들을 운영하는 사람들은 백화점 직원이 아니기에 백화점의 프로모션 정책이나 할인율, 또는 상품권이나 쿠폰 지급 등의 자잘한 업무까지 일일이 민수씨가 점주들을 상대로 교육을 해야 한다. 또한 고객이 점주들의 고객응대에 대하여 민원을 제기하면 고객과 점주들 사이에서 샌드위치 신세가 될 때도 많다.

(B) 백화점에서 입점 점주들을 관리하는 역할을 담당하는 혜정씨는 어느 한 고객과의 상담을 통해 자신이 수행하는 일의 의미를 새삼 깨닫게 되었다. 결혼을 준비하던 여성 고객이 혼수품을 백화점에서 구입했는데 해당 제품에서 결함이 발견되어 민원을 제기한 것이다. 이러한 민원의 경우 대부분 제품을 만드는 업체측이 책임을 지게 되는데, 작년에 결혼을 한 혜정씨의 입장에서는 시댁 식구들과 남편에게 번듯한 혼수를 준비해서 자랑하고 싶었을 그 신부의 속상한 마음이 너무나도 잘 이해가 되었다. 그래서 백화점측에서도 일정 부분 결함제품 판매의 책임을 지는 것이 옳다고 판단한 혜정씨는 상사를 설득하여 해당 고객의 집을 직접 방문하여 정중히 사과하고 보상의 의미로 작은 선물도 준비해드렸다. 문제가 된 제품을 즉각 수거하고 교환해 드린 것은 물론이다. 이 고객이 향후 그 백화점의 충성고객이 될 것인지의 여부는 아무도 알 수 없으나, 적어도 그가 신혼시절을 추억할 때마다 혜정씨를 떠올릴 것임은 분명해 보인다.

위의 사례로부터 알 수 있는 사실은 '타인의 삶에 미치는 영향력'은 객관적인 정도가 정해져있지 않다는 것이다. 개인이 어떻게 자신의 일을 인식하는지가 중요하다. 같은 일을 하더라도 나의 일이 여러 사람에게 도움이 되고 또 영향을 미친다고 생각하는 사람과 그렇지 않은 사람이 있기 때문이다. 그렇다면 마냥 조직 구성원들에게 '자신의 일을 중요하게 생각하라' 라고 이야기하고 독려만 하면 되는 것인가? 해크만과 올드햄이 주장한 내용은 그것이 아니다. 오히려 개인은 자신이 수행하는 업무의 가치를 제대로 깨닫기가 쉽지 않다. 현대사회에서 각자의 직무는 세분화되어있기 때문이다. 조직이, 그리고 상사가 개별 구성원들로 하여금 자신의 업무가 얼마나 중요하고 또 여러 사람의 삶을 바꾸어 놓을 수 있는지 일깨워 주는 것이 필요하다. 리더의 역량은 그래서 중요한 것이다.

4) 일하는 과정에서 충분한 재량을 발휘할 수 있어야 한다 : 자율성

> 공무원이 담당 직무를 충실히 하게 되면 공직동기가 높아지고, 직무 특성과 공직동기 간 관계는 각 하위 차원에 따라 다양한 형태로 상관성을 보이고 있는 것으로 나타났다. 이같은 연구결과는 현직 공무원인 박○○ 양산시 상하수도사업소장이 지난 달 취득한 부산대학교 행정학 박사학위 논문에서 나타났다.
>
> <직무 특성이 공직동기에 미치는 영향 : 조직문화, 통제위치 및 윤리풍토의 조절역할을 중심으로>라는 주제의 논문에서 박 소장은 "직무 특성 요인으로는 과업의 중요성과 자율성이 공직동기에 크게 영향을 미치고 있으며, 공직동기 요인 중에는 공공정책 호감이 가장 크게 영향을 받고 있다"고 밝혔다. 그는 이번 연구결과 "일에 대한 동기를 높이는 데 있어 별도의 비용을 수반하지 않더라도 현재 수행하고 있는 직무를 어떻게 (재)디자인하느냐에 따라 동기를 높일 수 있다"며 이는 어떤 부문에서고 조직 운영에 응용할 수 있다"고 말했다.
>
> – 경남도민일보, 2014년 3월 10일[9]

위의 신문기사는 직무특성이론으로 논문을 쓴 한 공무원의 이야기를 다루고 있다. 밑줄 친 문장에 주목해 보자. 과업의 중요성과 자율성이 공직동기, 즉 공무원의 직무수행동기에 영향을 준다고 한다. 여기서 과업의 중요성은 앞서 살펴본 대로 다른 사람에게 미치는 영향력의 정도를 뜻하며, 자율성(autonomy)은 직무 계획의 수립과 그 실천과정에 있어서 구성원 개인의 자유와 독립성이 주어지는 정도를 뜻한다.

흔히 자율성은 재량의 크기로 해석되기도 한다.

자율성이 침해될 경우 일하기가 싫어지는 것은 당연한 것이다. 어린 시절을 생각해 보자. 집에 가서 숙제를 하려고 했는데, 부모님이 집에 온 나를 보자마자 "들어가서 공부해라"라고 하신다면 나도 모르게 미묘한 반발심리가 생길 수 있다. 이러한 현상을 이론적으로 설명하는 것이 바로 자기결정이론(self-determination theory)이다. 이는 업무수행에 있어 본인의 결정권이 어느 정도인지 인지하는 정도가 동기부여에 영향을 미친다고 보는 관점으로서, 개인이 스스로 결정하여 진행하는 일의 경우가 그렇지 않은 경우보다 업무성과에 더 긍정적 영향을 준다고 한다[10]. 자기결정이론에서의 여러 연구결과를 종합해 보면 개인이 업무에 대한 판단권한과 재량을 많이 갖고 있다고 느낄수록 성과, 학습성취도, 자신감, 웰빙(well-being), 건강 등에 있어 더욱 좋은 결과가 나타나는 것으로 알려져 있다. 자기결정감이 높다면 굳이 많은 월급을 받지 않더라도 직무 자체로부터 본질적 흥미를 느껴 업무수행에 매진하게 되므로 목표달성의 가능성도 높고, 설령 목표달성에 실패하더라도 좌절하지 않고 행복감을 유지할 수 있다고 한다.

5) 내가 일을 잘 하고 있는지 확인할 수 있다 : 피드백

해크만과 올드햄이 좋은 직무가 갖추어야 할 요건 중 마지막으로 꼽은 것은 바로 피드백(feedback), 즉 업무를 수행한 뒤 해당 업무수행의 효과성과 적절성에 대한 명확한 정보가 주어지는 정도이다. 집에서 음식을 만들 때 먹는 이들의 표정이 좋으면 만든 사람의 기분도 좋아진다. 공부를 잘했는지 못했는지를 판단하는 기준은 시험에서 얼마나 높은 성적을 받았는지의 여부이다. 강연에서 강사가 청중들을 흡입할 수 있도록 강의를 잘 했다면 아마도 청중들의 집중상태가 매우 좋고 표정도 밝을 것이다. 이처럼 피드백은 내가 업무수행을 잘했는지 아닌지에 관한 지식을 제공해 준다. 따라서 피드백이 제때에 잘 주어지는 경우 나는 내 업무의 성과뿐만 아니라 그 개선방향까지도 파악할 수 있을 것이다.

강의를 듣고 웃는 청중들

피드백이 중요한 이유는 우리가 조직생활에서 경험하는 상당수의 직무가 적절한 피드백을 제공하지 못하기 때문이다. 상사의 지시를 제대로 이행했는지 알고 싶어도 과묵한 상사의 상당수는 나에게 구체적인 피드백을 주지 않는다. 승진에서 탈락된 경우 내가 왜 승진에서 누락되었는지 인사팀에, 상사에, 동료들에 문의해 보더라도 속 시원한 답을 얻기는 어렵다. 속내를 잘 드러내지 않는 것을 조직생활에서의 미덕으로 생각하는 우리나라의 문화적 특성상 서로가 서로의 업무내용이나 성취에 대해 솔직한 칭찬이나 건설인 질책 및 평가를 하는 경우는 많지 않다. 이는 조직구성원 서로에게 마음속 우월감이나 상처를 주지 않으려는 심리에서 비롯되는 것이지만, 구성원의 직무동기 향상에는 별 도움이 되지를 못한다. 따라서 조직구성원에게 진정으로 필요한 것은 나 자신의 업무수행이 다른 사람들에게 어떻게 평가받고 있으며, 내가 조직의 목표달성에 얼마나 도움이 되는지 알려주는 것임을 알 수 있다[11]. 피드백은 바로 이러한 역할과 기능을 수행한다. 실제로 한 연구에 따르면 지금까지 살펴본 좋은 직무가 가지는 여러 특성들 가운데 피드백이 성과, 이직률, 결근율 등과 가장 강한 관련성을 갖고 있다고 한다[12].

II. 적합성(fit)의 의미와 적용 : P-J fit, P-O fit

지금까지 살펴본 것처럼 조직구성원들이 수행하는 직무는 몇 가지 바람직한 특성을 갖고 있을 때 더욱 더 구성원을 강하게 동기부여 시킬 수 있다. 하지만 구슬이 서 말이라도 꿰어야 보배이고, 제아무리 좋은 약이라 해도 나 자신의 체질조건과 맞아야 효과가 있듯이 좋은 직무 역시 해당 업무를 잘 할수 있는 사람을 만나지 못한다면 아무런 소용이 없다. 이처럼 일과 사람, 조직과 사람간의 궁합을 뜻하는 용어를 **적합성**(fit)이라 한다.

적합성

인사조직론에서 적합성에 관한 연구는 적합의 대상에 따라 '개인과 조직간의 적합성'과 '개인과 직무와의 적합성'의 두 개념을 중심으로 전개되어 왔다. 물론 개인과 상사간의 적합성(person-supervisor fit)이나 동료와의 적합성(person-peer fit)과 같이 대인관계와 관련한 적합성 연구들도 있지만, 조직의 채용 및 부서배치의 결정이나 개인의 직업선택 및 이직 의사결정 등에 있어서 대인간 적합성 보다는 조직 및 직무와의 적합성이 더 크게 영향을 미친다[13]. 이러한 관점에서 아래에서는 사람과 직무, 그리고 사람과 조직간 적합성을 살펴보기로 한다.

1. 사람과 직무의 적합성 : P-J fit과 구성원의 능력

앞서 언급한 바와 같이 조직구성원과 그가 수행하는 직무간의 궁합이 좋아야 직무성과가 향상될 수 있다. 이를 **개인-직무 적합성**(person-job fit)이라 한다. 개인-직무 적합성의 개념은 크게 두 영역으로 나누어 살펴볼 수 있다[14].

개인-직무 적합성
① 능력과 직무요구간 적합도
② 욕구와 직무특성간 적합도

첫째, 개인-직무 적합성은 개인이 직무수행 과정에서 활용가능한 지식(knowledge)·기술(skill)·능력(ability)과 직무수행에 필요한 제반 요건이 일치하는 정도를 뜻한다. 전자는 개인이 보유한 역량이라 할 수 있으며, 후자는 각각의 직무를 수행하기 위해 요구되는 구성원의 역량이다. 쉽게 말해서 업무수행에 필요한 여러 역량을 각 구성원이 갖추고 있을수록 개인-직무 적합성이 커진다. 이는 개인이 자신의 능력으로 직무의 요구사항을 잘 충족시킬 수 있는지의 여부와 관련이 있다.

둘째, 개인-직무 적합성은 개인이 가지는 다양한 욕구(needs)나 선호(preference)와 직무의 제반 특성들이 서로 일치하는 정도를 뜻한다. 전자는

[그림 5-3] **개인-직무 적합성**

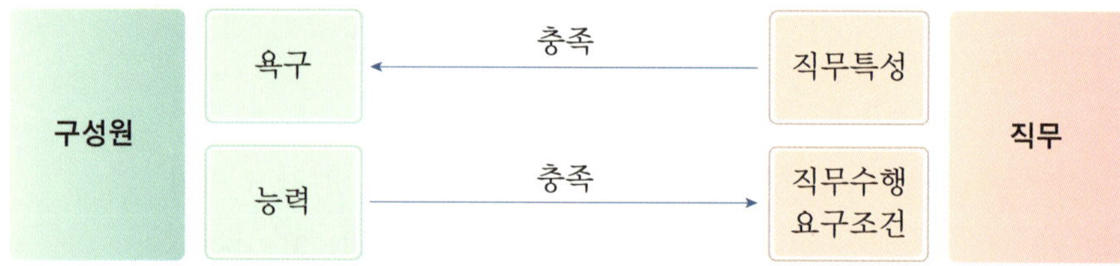

개인이 바라거나 희망하는 특성이며, 후자는 직무가 구성원에게 제공해 줄 수 있는 의미와 가치이다. 즉 구성원이 직무를 수행하는 과정에서 자신이 바라던 무엇인가를 달성할 수 있다면 개인-직무 적합성은 커진다. 이는 직무의 특성들이 개인의 욕구를 얼마나 잘 충족시킬 수 있는지의 여부와 관련이 있다.

이상의 내용을 요약하자면 개인-직무 적합성은 ① 개인의 역량이 직무의 요구조건을 충분히 충족하며, ② 직무의 특성들이 개인의 욕구를 잘 충족시킬 때 증가한다. 따라서 일단 직무가 좋은 특성들을 갖추고 있다고 한다면, 직무와의 적합성을 결정짓는 핵심변수는 개인의 능력이 됨을 알 수 있다.

일반적으로 능력(ability)은 여러 과업을 수행할 줄 아는 역량을 뜻한다. 개인의 능력은 세 가지 요인들의 집합체(지적 능력과 신체적 능력, 정서적 능력)로 구성되어 있다. 지적 능력(intellectual ability)은 사고활동, 추리활동, 문제해결 활동 등의 다양한 지적 활동을 수행하는 데 필요한 능력이다. 이는 곧 어떤 목적을 향하여 행동하고 합리적으로 사고하며 환경을 효과적으로 다루는 개인의 총체적 능력을 뜻한다[15)]. 신체적 능력(physical ability)은 이를 구성하는 체력(근육의 힘), 유연성, 기타 요인(지구력과 조정력 등)의 집합을 의미한다[16)]. 정서적 능력(emotional ability)은 자신과 타인의 정서를 명확히 인지하는 동시에 이를 적극적으로 활용할 줄 아는 능력으로서, 대개 상대방에 대한 공감과 커뮤니케이션 활성화, 갈등 해소 등의 역할을 수행하는 데 도움이 된다.

신체적 능력

2. 사람과 조직의 적합성 : P-O fit과 성격

사람과 직무의 적합성은 구체적인 직무를 할당받고 나서야 파악이 가능한 반면, 조직과의 적합성은 기업이나 공공기관에 입사하기 전부터 어느 정도 추정이 가능하다. 이미 그 조직에 근무하고 있는 선배와의 대화나 언론매체에서 다루는 조직관련 정보 등을 통해서 조직문화나 근무환경 등에 대한 대략의 예상을 하는 것이다. 대개 우리는 이러한 정보를 토대로 어떤 조직에서 커리어를 쌓아갈 것인지 계획을 세울 수 있다. 이처럼 개인의 고유한 가치(value)·목표(goal)·성격(personality) 등과 조직의 가치·목표·규범(norm)·분위기(atmosphere) 등이 유사한 정도를 **개인-조직 적합성**(person-organization fit)이라 한다.

개인-조직 적합성 개인의 성격과 조직의 가치체계 간의 일치 정도

우리는 각자 자신의 가치관과 유사한 가치체계를 보유한 조직을 선호하여 해당 조직에 지원서를 넣고, 조직 역시 해당 조직의 신념체계에 가장 부합되는 인적자원을 선발하게 된다. 개인-조직 적합성이 높을 경우 해당 구성원은 조직생활 속에서 편안함과 안정감을 느끼게 되고 조직과 자신을 하나로 생각하며 궁극적으로는 조직에서 내가 수행해야 하는 의무뿐만이 아니라 다른 동료직원을 자발적으로 돕는 행동, 즉 조직시민행동(organizational cizizenship behavior, OCB)을 수행하게 된다[17].

여기서 개인이 조직과의 적합성을 예상하고 판단하는 주요 기준 중 하나는 자신의 성격특성이 될 것이다. 사람은 누구나 여러 가지 기준에 근거하여 자신의 성격이 어떠한지 판단을 내리고 있다. 학술적으로 의미있는 성격변수의 대표적 예로는 제2장에서 살펴본 빅파이브(Big-five)가 있으며, 그 외에도 다음과 같은 성격변수들이 인사조직론에서 중요하게 다루어지고 있다[18].

- 자기관찰(self-monitoring) : 자기관찰은 자신의 행동을 외부 상황에 적응시키는 개인의 능력을 일컫는다. 자기관찰을 잘하는 사람들은 자아와 현격한 차이가 있는 페르소나(persona, 외부로 드러나는 자신)를 표현할 수 있는 능력이 있다. 따라서 자기관찰에 능한 사람은 그렇지 못한 사람보다 주변으로부터 나은 성과 평가를 받으며 리더가 될 가능성이 높다.

두 얼굴을 가진 인간

- Type-A와 Type-B : Type-A의 성격을 가진 사람은 적은 시간에 많은 것을 성취하기 위해 끊임없는 노력을 하고, 필요하다면 다른 사람의 반대 속에서도 그 노력을 계속해 나간다. 또한 여가시간에 대해 죄의식을 느끼며, 수치나 타인의 성취에 예민하게 반응한다. 반면 Type-B의 성격을 가진 사람은 많은 양의 사물을 획득하고 싶어 하거나 사건에 개입하고자 하는 욕구가 거의 없다. 시간의 촉박함이나 조급함을 좀처럼 느끼지 않으며, 자신의 성취나 성과가 드러나는 것을 별로 좋아하지 않고, 죄의식 없이 여가를 즐길 수 있다. 조직에서의 행동과 관련하여 (특히 서양 문화권에서) Type-A 성격의 사람은 직업을 얻는 능력이나 업무 추진력에 있어서 유능함, 적극성, 성공 동기 같은 바람

[표 5-1] A형과 B형의 성격비교

Type-A	Type-B
• 언제나 움직인다 • 인내심이 적다 • 언제나 시간의 압박을 느낀다 • 여가선용을 못한다 • 경쟁적이며 성공을 추구한다	• 언제나 조용하다 • 인내심이 많다 • 시간의 압박을 느끼지 않는다 • 죄의식없이 여가를 즐긴다 • 경쟁이 아니라 즐기려고 일을 한다

출처 : 박경규(2014), p.79. 수정인용

직한 특성을 지닌 것으로 보이기 때문에, Type-B 성격의 사람보다 나은 결과를 얻는다.

따라서 자기효능감은 일반적으로 자기 자신에 대하여 느끼는 자부심이나 긍지와는 그 성격이 다르다.

• 자기효능감(self-efficacy) : 이는 자신이 수행하고 있는 특정 업무를 잘 해낼 수 있을 것으로 믿는 개인의 성향을 뜻한다. 일반적으로 자기효능감이 높은 사람은 그렇지 않은 사람에 비해 높은 성과를 보이는 경우가 많다.

3. 합리적인 인사배치[19)]

적합성 검토의 최종 목표는 인재를 적재적소에 배치하는 것이다. 인사조직론에서는 배치전환이라는 용어를 사용하는데, 이는 유능한 인재를 적합한 직무에 배속시키는 과정인 배치(placement)와 구성원을 특정 직무에서 다른 직무로 옮기는 수평적 과정인 전환(transfer)을 동시에 부르는 용어이다.

배치전환은 채용된 조직구성원의 능력을 제대로 활용하기 의한 전제조건이라 할 수 있다. 배치와 전환이 잘못되면 종업원은 조직에 적응하지 못하고 이직을 할 수 있다. 오늘날에는 생계형 근로의 비중이 점차 줄어들고 있기에 종업원이 보상에 대한 불만뿐만 아니라 직무와 근로조건에 대한 불만으로 이직하는 경우도 많아지고 있다. 따라서 조직의 안정적 관리와 구성원의 작업능률 향상을 위해서는 종업원의 소질과 능력, 그리고 의사를 충실히 반영하는 배치와 전환이 필수적인 것이다.

적절한 배치전환은 곧 인재와 직무, 인재와 조직간의 적합성이 극대화될 때 달성된다. 따라서 그 핵심원리는 곧 직무에 요구되는 자격요건과 구성원의 역량요건간의 차이(gap)를 최소화하는 것이다. 두 요건간의 차이를 최소로 하는 방정식은 다음과 같이 표현할 수 있다.

목적함수 : $\text{Min. Z} = \sum_{i=1}^{n} \sum_{j=1}^{m} (e_{ij} - a_{ij}) \mathrm{X}_{ij}$

제약조건 : $\mathrm{X}_{ij} \geq 0$

사람$(i) = 1, 2, 3, \cdots\cdots., n$

직무$(j) = 1, 2, 3, \cdots\cdots., m$

(단, e_{ij}는 역량계수, a_{ij}는 직무자격요건, X_{ij}는 배치의사결정에 관련된 제 변수)

식이 복잡해 보이지만 결국은 역량요건과 직무요건의 격차를 최소로 하는 배치방식을 찾는다는 의미이다.

1) '스펙'은 영어단어 specification의 준말 spec에서 나왔다. 원래 specification은 제품의 사양을 뜻하는 용어인데, 이것이 사람의 배경정보를 나타내는 의미로 최근 사용되는 것이다.

2) 박경규(2016), 『신인사관리』(제6판), 서울 : 홍문사

3) Hackman, J. R., & Oldham, G. R. (1980). Work redesign. Reading, MA : Addison-Wesley.
Hackman, J. R., & Oldham, G. R. (1976). Motivation through the designt of work : Test of a theory, *Organizational Behavior and Human Performance*, 16(2), pp.250~279.

4) Hackman & Oldham, *Ibid*.

5) Zaniboni, S., Truxillo, D. M., & Fraccaroli, F. (2013). Differential effects of task variety and skill variety on burnout and turnover intentions for older and younger workers, *European Journal of Work and Organizational Psychology*, 22(3), pp.306~317.

6) 박경규(2014), 『조직행동』, 서울 : 홍문사

7) 임창희(2010), 『조직론』, 서울 : 학현사. pp.376~377.

8) 심덕섭 · 하상욱(2013), "직무특성이 종업원의 혁신행동에 미치는 영향 : 자기효능감의 매개효과", 「산업혁신연구」, 29(3), pp.95~124.

9) 김중걸(2014.10.03), "과업 중요성 · 자율성, 공직동기에 영향 더 끼쳐", 「경남도민일보」

10) 백기복(2014), 『조직행동연구』(제6판), 서울 : 창민사
Gagne, M., & Deci, E. L. (2005). Self-determination theory and work motivation, *Journal of Organizational Behavior*, 26, pp.331~362.

11) 한주희 · 고수일(2009), "고성과 작업시스템과 직무동기가 직무성과에 미치는 영향 : 보험설계사를 대상으로", 「인력개발연구」, 11(3), pp.73~96.

12) Fried, Y., & Ferris, G. R. (1987). The variety of the job characteristics model : A review and meta-analysis, *Personnel Psychology*, 40, pp.287~322.

13) 최보인 · 장철희 · 권석균(2012), "개인-조직 적합성과 개인-직무 적합성의 효과성 연구", 「조직과 인사관리연구」, 35(1), pp.199~232.

14) Cable, D. M. & DeRue, D. S. (2002), The convergent and discriminant validity of subjective fit perceptions, *Journal of Applied Psychology*, 87(5), pp.875~884.

15) Wechsler, D. (1958). *The measurement and appraisal of adult intelligence*. Boltimore, MD : Williams and Wilkins.를 박경규(2014), 『조직행동』, 서울 : 홍문사, p.87에서 재인용.

16) Robbins, S. P., & Judge, T. A. (2015). *Organizational behavior* (16th ed.). Upper Saddle River, NJ : Prentice Hall.

17) 성지영 · 박원우 · 윤석화(2008), "개인-환경(조직, 상사, 동료) 적합성이 조직시민행동 및 개인성과에 미치는 영향과 공정성의 매개효과 검증", 『인사 · 조직연구』, 16(2), pp.1~62.

18) Robbins & Judge, *Op Cit*.

19) 김영재 · 김성국 · 김강식(2015), 『신인적자원관리』(제3판), 서울 : 탑북스

CHAPTER 6
인력의 채용과 개발

CHAPTER 6

Ⅰ. 조직이 바라는 인재의 채용

FUNDAMENTALS OF MANAGEMENT

최근 청년 구직난이 심각하다고들 한다. 실제 통계도 이러한 현상이 실제임을 보여주고 있다. 2016년 4월 현재 청년실업률은 10.2%로 최근 15년 만에 최고치를 기록했다. 고학력화 등이 이러한 구직난의 원인임을 지적하는 사람들도 있으나, 최근에는 자신의 학력수준에 비해 하향지원을 하는 상당수의 구직자들조차도 일자리를 찾기가 어려운 것이 현실이다. 한 신문기사의 내용을 살펴보자[1].

실업률 $= \frac{\text{실업자}}{\text{경제활동인구}}$

> 13일 통계청이 발표한 '4월 고용동향'에 따르면 지난달 청년(15~29세) 실업률은 10.2%로 관련 통계가 처음 작성된 2000년 이후 4월 기준으로 역대 최고치를 보였다. 2000년대 8% 중반 대에 머물다가 지난해 4월(10%) 10%대에 처음 진입한 청년 실업률이 지난달 역대 최고치로 치솟은 것이다. 이는 지난달 전체 실업률(3.9%)이 예년 수준에서 크게 벗어나지 않은 것과 대조적이다.
>
> 심원보 통계청 고용통계과장은 "청년층 구직 활동자가 증가해 청년층 실업률과 고용률이 동반 상승했다"면서 "몇 년 새 3, 4월에 각종 공무원시험이 몰리면서 이 시기 실업률이 높아지고 있다"고 말했다.
>
> 하지만 청년 실업 증가의 근본 원인은 정년 연장과 통상임금 확대 등 인건비 증가 요인이 늘어나면서 기업들이 갈수록 신규 채용에 부담을 느끼기 때문이라는 게 중론이다. 정부가 이날 국가재정전략회의에서 임금피크제 도입과 청년 채용을 동시에 한 기업에 지원금을 주겠다는 대책을 내놓은 것도 이런 맥락에서다. 하지만 단기 대책 만으로는 한계가 분명하다는 지적이다. 김동원 고려대 경영학과 교수는 "청년 채용 기업에 정부 지원금을 주면 지원금과 상관없이 원래 채용을 하려고 계획했던 기업이 채용을 하고 지원금도 타가는 부작용이 생길 수 있다"면서 "단기 대책보다는 과도한 대학 진학률을 낮추고, 대기업과 중소기업 간 임금 격차를 해소하는 근본 대책에 힘을 쏟아야 한다"고 말했다.
>
> -한국일보, 2016년 5월 13일

그러나 이 같은 청년 취업난에도 불구하고 중소기업에서는 인력난이 심각하다고 입을 모은다. 우리나라처럼 인구밀도가 높은 나라에서 어느 한 쪽에서는 일자리가 없다고 아우성이고, 다른 쪽에서는 일할 사람이 없다고 하소연하는 것이다. 특히 일자리가 부족하다고 이야기하는 기업을 잘 살펴보면 단순노무직과 같이 대부분의 구직자가 기피하는 업무뿐만이 아니라 기술직이나 연구직에서도 인력난이 있음을 확인할 수 있다. 다음의 글을

[그림 6-1] 실업률 추이(단위 : %, 매년 4월 기준)

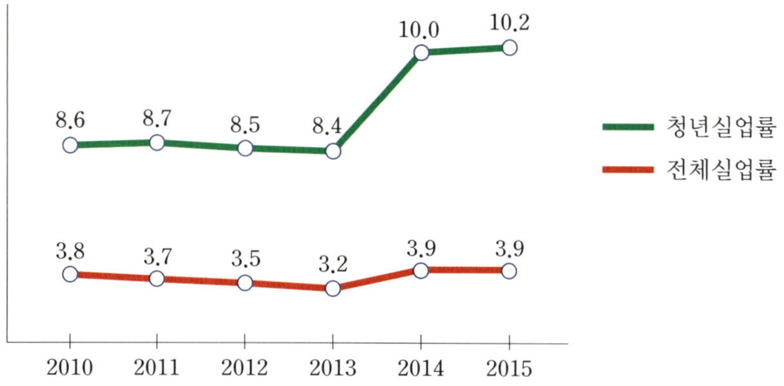

출처 : 통계청

읽어보자[2].

우리나라의 대학진학률은 세계적으로 높은 수준으로서 청년층 취업난은 대부분 대졸 청년층에 집중되어 나타난다. 실제로 대학진학률은 꾸준한 증가추세를 보여 1991년 33.2%, 2000년 68.0%, 2008년에 83.8%로 정점을 기록한 후, 2011년에 72.5%로 비교적 큰 폭으로 하락하였다. 통계청에 따르면 2011년 말 현재 전체 청년층(15~29세) 실업자 수는 32만명으로, 이 중 전문대학 이상 대졸자 비중은 2000년 30.0% 수준에서 지속적으로 높아져 2011년에는 약 절반에 육박하는 49.4%에 달하였다. 비록 대학진학률이 2008년에 정점을 찍고 하락하는 추세에 있다고 하더라도 2008년도 대학진학률 83.8%를 감안하면, 이들이 노동시장에 진입할 2012년 이후 몇 년간은 청년층 취업난이 현재보다 훨씬 더 악화될 가능성이 농후하다. 고숙련 인력에 해당하는 대졸자 공급은 급속히 증가해 온 반면, 경제구조상 대졸 학력 수준의 고숙련 일자리 수요 증가는 공급 증가 속도에 미치지 못함으로써 구조적으로 숙련수급상의 불일치가 심화되었고, 이로 인해 실업문제가 대졸청년층에 집중되는 현상은 불가피한 측면이 있다.

한편, 청년층 취업난에도 불구하고 중소기업을 중심으로는 인력난이 발생하고 있는데 통계청에 따르면 2011년의 중소제조업의 인력부족률은 3.01%로서 64,738명의 인력부족 현황을 보이고 있다. 중소제조업의 인력 부족률은 연구직(5.43%), 기술직(4.74%), 기능직(3.89%) 등의 순으로 높고, 부족 인원 수는 단순노무직(21천명), 기능직(17천명), 기술직(9천명), 사무관리직(9천명) 등의 순으로 나타난다. 직종별로 구인난의 원인을 살펴보면 연구직과 기능직, 단순노무직 등은 "취업지원자 없음"이 가장 높게 나타난 반면, 기술직은 "지원자 중 직무능력을 갖춘 자가 없음"이 가장 높게 나타난다.

-오호영, "청년층 취업난과 미스매치", 부분인용

미스매치 (mismatch)
최근 청년층 노동시장에 존재하는 구인난 속의 구직난을 뜻하는 용어도대체 이러한 현상이 왜 발생하며, 이를 어떻게 극복할 것인가에 관해서 살펴보는 것은 이 책의 범위를 넘어서는 과제라 생각한다. 대신 이상의 사례들로부터 우리가 생각할 수 있는 것은 생각보다 일자리를 구하는 과정과 절차가 그리 간단하지는 않다는 사실이다. 일할 사람이 없다는 기업측의 논리가 사실이라면 구직난을 겪는 청년들이 없어야 한다. 일자리가 부족하다는 청년들의 이야기가 사실이라면 구인난을 겪는 조직체들이 없어야 한다. 각자의 주장은 모두 사실(fact)이고 또 나름의 근거가 있다. 따라서 우리가 여기서 분명히 이야기할 수 있는 것은 인력채용의 과정에서 구직자와 인력을 찾는 조직간의 니즈(needs)가 서로 다르다는 점이다. 그냥 필요한 만큼 채용하면 되지 않을까? 왜 이렇게 서로 일자리와 인력을 찾기 힘들어 하는 것일까? 생각보다 복잡한 채용의 절차를 지금부터 인력계획, 모집, 선발 등으로 나누어 하나씩 검토해 가면서 그 해답의 실마리를 찾아보자.

1. 인력계획 : 어떤 사람이 얼마나 필요한가?

1) 인력계획의 개념과 고려사항

인력계획(HRP)
조직목표 달성을 위한 인적자원의 필요량과 가용성을 분석하고 파악하는 과정

일반적으로 노동유연화는 인력의 수를 조직의 니즈에 맞게 편의적으로 조정하는 수량적 유연화와 인력의 직무수행역량을 증대하는 기능적 유연화를 모두 포함하는 개념이다.

인력계획(human resource planning)은 조직의 목표 달성을 위한 인적자원의 필요량(demand, 수요)과 가용성(availability, 공급)을 분석하고 파악하는 과정이다[3]. 기업과 정부등의 여러 조직에서 필요한 인력의 스펙(spec)과 규모(size)는 다음의 요인에 의해 영향을 받는다.

- 노동시장의 구조적 변화 : 노동시장의 **유연화**가 진행되고 경제상황의 변화 폭이 커지면서, 인적자원의 수요와 공급에 대한 변화의 폭 역시 커지고 있다는 점에서 조직관리의 안정성을 도모하기 위한 인력계획이 절실히 요청된다.
- 직무내용의 구조적 변화 : 과학기술의 발달로 인하여 기존의 직무내용에 변화가 일어나고 있다. 단순반복적 업무가 줄어드는 대신 지식집약적이면서도 창의성을 요구하는 직무가 점차 늘어나고 있는 것이다. 이는 조직에서 필요로 하는 노동의 양과 질을 변화시키기에, 합리적 관리를 위한 인력계획의 중요성이 커지는 것이다.
- 노동동기부여의 구조적 변화 : 1인당 국민소득이 증가함에 따라 국민생활수준도 향상되고 있다. 이는 노동계층의 욕구구조 변화를 가져오고 있다. 매슬로우의 욕구이론에 비추어 볼 때 저차원적 욕구가 중심이 되었던 전통적인 인사관리에서 점차 노동을 통한 자기발전을 중시하는 동시에 경영참여 및 권력행사에의 니즈(needs)도 충족시켜줄 수

있는 인사관리에 대한 수요가 형성되고 있는 것이다. 이에 따라 구성원의 동기부여에 도움이 될 수 있는 인력계획의 필요성이 커지고 있다.

2) 인력의 수요예측과 관련 기법

인력계획의 첫 단계는 조직이 필요로 하는 인력이 어느 정도인지를 파악하는 것, 즉 수요의 예측이다. 여기서 조직의 인력 수요는 어떤 사람을 뽑을 것인지의 측면(질적 수요)과 몇 명을 뽑을 것인가의 측면(양적 수요)으로 구분된다[4]. 대부분의 조직에서는 우선 종업원에게 요구되는 직무수행 자격요건(인력의 질)을 먼저 결정한 다음에 해당 인력의 수(인력의 양)를 예상하게 된다.

필요한 인력의 질을 결정하는 과정에서는 미래 성과, 성과에 필요한 작업의 내용, 해당 작업 수행에 필요한 인적자원의 자격요건 등이 주된 고려대상이 되며, 전문가들에 의한 시나리오 기법 등이 사용될 수 있다. 시나리오 기법은 예측을 전담하는 전문가로 구성된 프로젝트 조직에서 각종 브레인스토밍(brainstorming)과 환경변화 및 **SWOT**요인에 대한 분석 등을 실시하여 미래의 직무내용의 변화와 그에 따르는 인력수요의 변동을 예측하는 방법이다[5]. 인력수요예측을 위한 시나리오에는 앞으로의 정치 · 경제 · 사회 · 문화적 트렌드, 각종 경제 지표, 사회 가치관의 변화 등이 종합적으로 반영되어야 한다. 시나리오에서 고려하는 각종 정보들의 양과 질이 우수할 때, 비로소 예측의 타당성이 담보되기 때문이다.

S : Strength(강점)
W : Weakness (약점)
O : Opportunity (기회)
T : Threat(위협)

필요한 인력의 양을 결정하는 과정에서는 생산량, 기술수준, 작업자의 동기부여, 허용작업시간 등이 주된 고려대상이 되며, 기존 인력수요 유발요인의 흐름을 통해 미래의 필요량을 추정하는 추세분석 등이 사용될 수 있다. **추세분석**(trend analysis)은 과거 인적자원수요에 관한 자료를 월별, 분기별, 연별로 작성하고 이를 그래프로 나타낸 추세선을 수학적으로 확장하여 특정 시점에서의 총소요인원을 결정하는 방식이다. 여기서는 인력변화를 유발하는 각종 요인(예 : 경기변동, 구조조정, 신규투자 등)을 확인한 뒤, 이들과 인력규모간의 관련성을 파악한 뒤, 인력의 규모에 따른 생산량 변화를 계산하여 노동생산성의 추이를 도출함으로써 미래 특정 시점에서의 인력 수요를 예측한다. 추세분석법은 현재까지의 추세가 앞으로도 이어진다는 가정 하에서 의미를 가지는 방법이므로, 단기적 수요 예측에는 적합하지만 장기적으로 또는 정확한 예측이 필요한 상황에서는 바람직하지 않다고 볼 수 있다.

추세선

[표 6-1] 추세분석을 통한 인력수요 산정의 예

연도	연간 총 환자 수	간호사/환자 비율	고용된 간호사 수	
2008	3,000	3/15	600	실제치
2010	2,880	3/12	720	
2012	2,800	3/10	840	
2014	1,920	3/6	960	
2016	1,400	3/4	1,050	예측치
2018	1,520	3/4	1,140	
2020	1,660	3/4	1,250	

출처 : 박경규(2016), 수정인용

3) 인력의 공급예측과 인력충원의 원천

인력의 공급이란 조직이 필요한 인력을 조달받는 원천과 그 방법을 의미한다. 일반적으로 조직이 필요로 하는 인적자원에 대한 공급원천은 조직내부의 것과 조직외부의 것으로 대별하여 살펴볼 수 있다. 내부공급원은 현재 조직내에 존재하면서 여러 직무들에 충원될 수 있는 인력들을 말하는데, 이러한 내부공급원은 승진이나 배치전환 등을 통하여 조직내 공석을 충원하게 된다. 외부공급원은 현재 조직내에 존재하지는 않지만 조직내의 직무에 충원될 수 있는 외부인력으로서, 현재 다른 조직에 종사하고 있거나 고용되지 않은 상태에 있는 인력들을 말하는 것이다[6].

내부공급

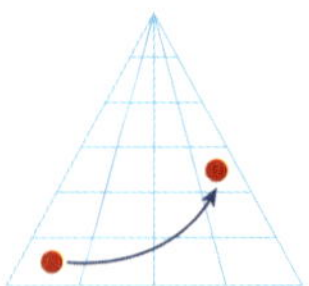

- 내부노동시장(Internal Labor Market, ILM)을 통한 인력공급 : 이는 필요한 직위에 적합한 인력을 현 조직 내부에서 충원하는 것을 말한다. 따라서 이 방식을 사용하는 과정에서는 기존 조직 내의 자리이동에 대한 관행이나 추세를 면밀히 검토하는 것이 필요하다. 대개 승진이나 배치전환의 형태로 충원이 이루어지므로 내부 구성원들의 동기부여에 효과적이며, 인력의 조달에 소요되는 시간이 외부충원에 비해 적게 걸린다. 또한 조직에 대한 기존의 배경지식이 있는 사람이 자리만 바꾸는 것이므로 새로운 자리에 대한 적응에도 용이하고, 해당 인력이 기존에 차지하고 있던 자리에는 보다 인건비가 저렴한 신규인력을 채용하면 되므로 비용효율성도 있다. 하지만 내부인재로만 필요인력을 충당하는 것이므로 인재선택의 폭이 좁아지고 조직정치나 연줄 문제 등으로 인한 갈등이 발생할 수 있다.

외부공급

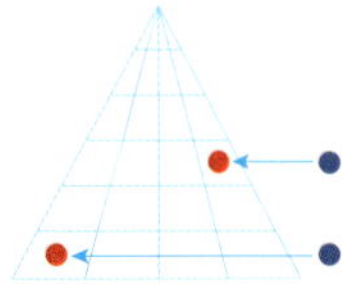

• 외부노동시장(External Labor Market, ELM)을 통한 인력공급 : 이는 필요한 자리에 적합한 인력을 조직 밖으로부터 충원하는 것을 말한다. 따라서 이 방식을 사용하는 과정에서는 인구통계적 지표(예 : 실업률, 경제성장률, 교육훈련의 수준 등)에 대한 면밀한 검토가 필요하다. 외부인력을 통한 충원의 경우 인재선택의 폭이 넓어지고 조직분위기의 쇄신이 가능하며, 별도의 교육이 필요없이 이미 자격이 갖추어진(ready-to-use) 사람을 채용하는 것이므로 교육훈련비가 적게 든다. 하지만 채용공고를 내고 인력을 선발하기까지 시간과 비용이 많이 소모되며 내부인력의 승진기회 축소로 인한 불만이 발생할 수 있다.

2. 모집 : 유능한 인재를 끌어들이는 방법

1) 개념

인적자원의 **모집**(recruitment)이란 조직 내 · 외부의 유능한 인재들이 조직 내 특정 자리(position, 직위)에 지원(apply)하도록 자극을 주는 장려과정이다. 대개 직무수행의 요건 및 자격사항과 필요한 경력사항 및 인사상 처우(임금이나 휴가 등), 선발인원이나 선발절차, 구비서류 등에 대한 정보를 지원자들에게 공개한다. 모집은 단지 공석을 채우는 행위의 첫 단계로서의 의미뿐만이 아니라 조직의 전략을 실천하는데 도움이 되는 인적자원을 확보하는 출발점으로서의 의미를 가진다.

2) 영향을 미치는 요소

모집에는 조직의 이미지, 직무의 매력도, 인사정책 등이 영향을 미친다. 구직자들에게 긍정적인 이미지를 갖게 하는 복지정책, 사회공헌활동(CSR), 시장에서의 선도적 위치, 존경받는 최고경영자 등은 조직의 평판을 개선할 뿐만 아니라 직원 모집에도 도움을 주는 것으로 알려져 있다. 또한 업무의 흥미, 도전적(challenging)[7] 과제의 부여 여부, 업무가 사회적으로 인정받는지의 여부 등으로 평가되는 직무 자체의 매력 역시 구직자들에게 어필할 수 있는 요소이다. 무엇보다도 신입사원의 경력욕구를 채워줄 수 있는 적절한 인사정책(평가보상, 승진제도 등)의 운영여부는 의욕이 넘치고 유능한 지원자들을 유인하는 중요한 요인이 된다.

3) 방법

내부노동시장에서 인력을 모집하는 방법으로는 일반적으로 사내공모제도(job posting and bidding)를 꼽을 수 있다. 이는 공석의 발생시 사내 게시판에 지원공고를 내고, 스스로 해당 직위에 대한 자격을 갖추었다고 생각하는 종업원이 지원하는 제도를 말한다.

외부노동시장에서 모집하는 방법으로는 종업원 추천제도, 광고, 인턴제도 등을 들 수 있다[8]. 종업원 추천제도(employee referral)란 직장내 공석이 생겼을 때 기존 직원들이 적임자를 조직 외부로부터 추천하여 신규직원을 채용하는 제도이다. 현재의 종업원들은 조직의 내부사정에 밝으므로 어떤 외부인이 자신의 조직문화와 잘 맞는지 판단이 가능하다. 공개매체인 신문이나 방송, 잡지를 사용한 광고(advertisement)를 통해 인력모집을 실시할 수도 있다. 매체의 대중성이 클수록 잠재적 모집인원의 수가 커지는데, 특히 일간지나 TV, 라디오, 인터넷 배너를 통한 광고의 경우에는 지원자격이나 직무내용에 대한 상세한 정보를 제공하기 힘들기 때문에 무자격자가 지원을 남발할 가능성에 대해서 염두에 두어야 한다. 이를 막기 위해서는 비교적 독자층이 균질적이라 할 수 있는 전문매체(예 : 경제잡지 등)에 광고를 하는 방법이 있다. 인턴제도(internship)는 지원자가 조직에 정식으로 입사하기 전 잠정적인 수습근무기간(방학 등) 동안 보이는 근무태도 및 성과를 토대로 조직의 가치와 개인의 가치간 적합성이 큰 인력을 조직에서 정식 신입사원으로 고용하는 모집방법이다. 이 제도를 통해 조직은 사전에 지원자의 적격여부를 판단할 수 있고, 지원자는 조직과의 적합성(fit) 여부를 자기 스스로 판단할 수 있다는 장점이 있다.

3. 선발 : 적격 인재의 확정

선발(selection)은 공석인 자리에 적합한 자격을 갖춘 사람을 선별해 내는 과정이다. 모집이 입사 가능한 지원자들을 유인하는 과정이라면, 선발은 그들 중에서 유능한 자를 뽑거나 부적격자를 배제하는 절차이다. 제5장에서 살펴본 바와 같이 조직은 해당 업무수행에 적합한(개인-직무 적합성) 동시에 조직의 분위기에도 잘 어울리는(개인-조직 적합성) 인재를 뽑아야 한다. 직무와의 적합성을 검증하기 위해서는 지원자의 능력을 측정하는 절차가 필요하며, 조직과의 적합성을 검증하기 위해서는 지원자의 인성특징을 검토하는 절차가 필요하다. 본 장의 서두에서 우리는 구직난을 호소하는 지원자의 니즈와 인력난을 호소하는 조직의 니즈가 다를 수 있음을 살펴보았다. 채용의 과정을 간단히 표현하자면 이처럼 니즈가 다른 두 주체간의 게임이라 할 수 있다. 즉 자신의 안락한 생활과 자아실현을 위한 수단이 될 수 있는 조직을 찾는 구직자와 성과실현에 도움이 될 만한 수단으로서의 구성원을 찾는 조직간의 두뇌싸움인 것이다. 이 과정에서 지원자는 자신의 장점을 최대한 어필(appeal)하고 단점을 드러내지 않으려 할 것이고, 이에 맞서 선발의사결정자는 혹시나 모를 부적격자의 합격 방지를 위해 여러 단계의 허들(huddle)을 선발과정 곳곳에 배치해 둘 것이다.

1) 선발도구의 유형

많은 조직들이 사용하는 선발도구에는 지원서, 시험, 면접 등이 있다.

① 지원서(application form)

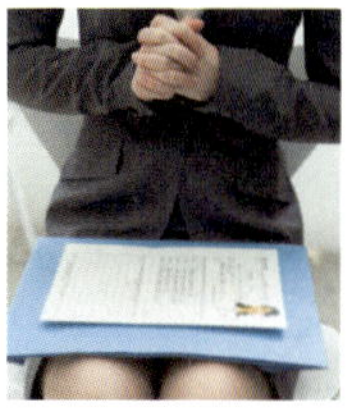

지원서에는 지원자 개인의 기본적인 인적사항과 경력사항이 기재되고, 지원동기나 개인사(personal history) 등의 정보가 포함될 수 있다. 때로는 자격증 취득 여부나 학위 내용을 기재하는 경우도 있다. 학위나 자격증 정보를 선발에서 활용하는 것은 나름의 이점이 있기 때문이다[9]. 첫째, 학위와 자격증은 그 취득과정에서 일정수준의 지식 · 기술 · 능력(KSA)을 지원자가 이미 획득하였음을 뜻한다. 조직 입장에서는 해당 역량을 검증하는 절차를 별도로 운영할 필요가 없다. 둘째, 좋은 학위나 자격증을 가진 사람들이 조직에 많다는 것은 이해관계자(예 : 소비자, 지역사회 등)들에게 좋은 신호(signal)를 보내는 것이다. 따라서 조직은 우수학위자와 고급 자격증 소지자를 많이 선발함으로써 대외적 평판을 개선할 수 있다.

② 시험(test)

구체적인 시험의 방법으로는 지원자의 다양한 과업수행능력을 측정하는 능력검사, 지원자의 직무태도나 조직인화력을 살펴보기 위한 성격검사, 대표과업을 수행하게 하고 그 성취도를 측정하는 실무능력검사 등이 있다.

능력 검사(ability test)는 지원자가 해당 직무에 대한 경험이 없는 경우 채용 후의 실적을 예측할 수 있는 유용한 도구이다. 즉, 능력 검사에서 높은 점수를 받은 지원자를 선발할 경우 낮은 점수를 받은 지원자의 선발에 비해 교육훈련에 소요되는 비용이 줄어든다고 볼 수 있다.

성격에 관한 연구에 따르면 성격측정결과는 직무성과를 예측할 수 있으며[10], 조직에의 적응여부를 예측하는 용도로도 활용 가능하다[11]. 따라서 성격검사(personality test) 결과는 지원자의 직무성과와 동기부여의 정도를 추정하는 자료로 사용될 수 있다.

실무능력검사(work sample test)는 지원자로 하여금 직무의 대표적인 과업을 수행하도록 하고 그 성취도를 검사하는 방법이다. 실무와 유사한 과업을 수행케 하므로 성과에 대한 예측력이 상당히 높고 테스트 결과에 대한 지원자의 수용성도 높다.

③ 면접(interview)

면접은 지원자가 해당 직무를 수행하기에 적합한지를 판단하는 동시에 지원자에게 조직에 대한 올바른 정보를 제공하려는 목적으로 진행되는 면접관과 지원자간의 언어적 커뮤니케이션이다. 면접을 통해 지원자는 자신의 이력이 포함하고 있는 장점을 어필(appeal)하고 단점에 대한 해명을 시도할 수 있으며, 면접관은 지원자의 언어적 능력과 대인관계 능력 및 경력에 대한 욕구 등을 파악할 수 있다.

일반적으로 면접에서 면접관이 지원자에게 묻는 사항들은 대개 지원자의 신상 일반적 측면, 업무관련 전문역량, 대인관계역량, 도덕성 등으로 구성된다[12].

- 신상 일반 : 이는 개인의 강점 및 약점, 기존 직장에 대한 근무경험, 고용해야 하는 이유, 인생관 및 가치관, 기타 경력상의 의문점 등에 대한 문항들로 구성된다.
- 업무 관련 전문역량 : 이는 창의력과 문제해결능력을 중심으로 하는 업무수행 전문능력으로서, 해당 분야에 대한 지식을 갖추기 위해 기울였던 노력의 내용, 과거의 성취경험과 그 때의 핵심성공요인, 실패한 경우 그 이유, 향후 자기개발 계획 등에 관한 문항들로 구성된다.
- 대인관계역량 : 이는 동기부여나 리더십 및 커뮤니케이션 스킬 등에 관한 분야로서, 친하게 지내는 동료의 특징, 경험했던 갈등들과 그 해소과정, 리더십을 발휘한 경험, 팀워크를 성공적으로 발휘한 경험 등에 대한 문항들로 구성된다.
- 도덕성 : 이는 기본적 인성과 양심 등에 대한 분야로서, 거짓말의 용납여부, 비윤리적 의사결정압력을 슬기롭게 극복한 경험, 동료나 상사의 부정에 대한 대처방안 등에 대한 문항들로 구성된다.

구조화 면접에서는 면접질문지에 적혀 있는 질문만 하게 되지만, 비구조화 면접에서는 면접관이 지원자에게 묻고 싶은 것을 자유롭게 묻는다.

면접질문의 유형은 질문의 내용이 구조화(structured), 즉 엄격히 정해진 정도를 기준으로 지원자의 다양한 측면에 대해 면접관이 중요하다고 판단되는 내용을 자유롭게 질문하고 그에 대해 지원자가 답할 수 있도록 하는 비구조화 면접(unstructured interview)과 매우 상세하게 조직화된 질문지를 사용하여 면접관과 지원자에 따른 면접 내용의 편차를 줄이는 데 초점을 둔 구조화 면접(structured interview)으로 나뉜다. 대부분의 면접은 지원자 한 명을 대상으로 면접관이 질문을 하는 방식이지만, 최근에는 여러 지원자 간의 비교가능성을 높이고 면접에 소요되는 시간을 줄이기 위해 여러 명의 지원자를 한꺼번에 면접하는 집단 면접(group interview)이 도입되는 경우가 많다.

2) 예측치와 준거치

앞서 살펴본 여러 선발도구(예 : 지원서, 시험, 면접 등)는 모두 조직입장에서 지원자를 걸러내는 수단이 된다. 대부분의 조직체에서 이러한 도구들을 사용하는 것을 보면 어느 정도 효과성이 입증된 것임을 알 수 있다. 그런데 우리는 실제 사람을 뽑을 때 이러한 도구들을 많이 사용하면서도 정작 이들 도구가 실제로 얼마나 효과가 있는지 생각하는 경우는 별로 없다. 즉 우리 주변의 많은 기업들에서, 정부에서, 또 학교에서 사람을 뽑을 때 이들 선발도구들을 사용하니 그냥 우리도 사용하는 것일 뿐, 이들 도구가 정말 '우리 조직이 필요로 하는 인재선발에 도움이 되는지'를 고민하며 사용하지는 않는다는 말이다.

그러므로 우리는 여러 선발도구를 사용했을 때 지원자가 획득하는 점수와 실제 조직에 입사한 이후의 성과점수간의 관계를 검토할 필요가 있다. 이 때 지원자가 선발도구로부터 획득하는 점수를 예측치(predictor), 조직에서의 성과점수를 준거치(criterion)라 한다.

실제로 일부 국가에서는 필체가 성격을 드러낸다고 보아 손글씨에 대한 평가점수를 선발의 주요한 도구로 활용하고 있다.

[그림 6-2]를 살펴보자. 왼쪽은 한 조직에서 실시한 손글씨(필적) 평가의 점수와 입사 후 직무성과 간 관계를 나타내는 그림이며, 오른쪽은 면접점수와 성과 간의 관계를 나타내는 그림이다. 이 조직에서는 면접이 필적평가보다 우수한 선발도구라고 말할 수 있다. 왜냐하면 면접점수와 성과점

[그림 6-2] 한 조직에서의 예측치와 준거치 사례

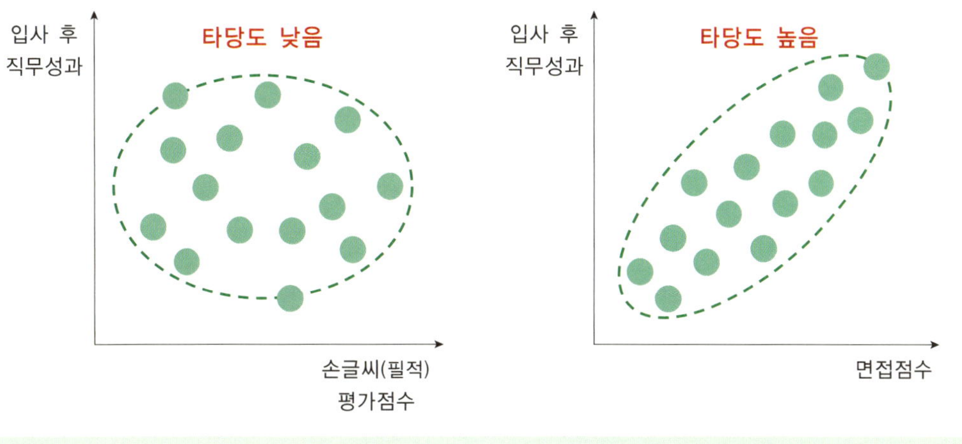

[표 6-2] 타당성 계수의 해석

타당성 계수	해석
0.35 이상	매우 유용한 선발도구
0.21~0.35	비교적 유용한 선발도구
0.11~0.20	경우에 따라 유용할 수도 있음
0.11 미만	유용하지 않음

출처 : 미국 노동부

수 간의 상관관계가 필적평가 점수와 성과 간의 상관관계보다 확실히 크기 때문이다. 이처럼 특정한 예측치(선발도구 점수)와 준거치(업무성과)의 관계를 수치로 표현한 값을 타당성 계수(validity coefficient)라 부른다.

실제로 미국에서 수행된 한 연구[13]에 따르면 피평가자들이 한 장소에 모여서 실제 채용후 수행할 업무 중 일부를 실제로 수행해보는 실무능력검사(work sample test)의 직무성과 예측력이 가장 높은 것으로 나타났다(타당성 계수 = 0.54). 그 뒤를 이어 타당성이 높은 것은 종합 정신적 능력(general mental ability, GMA) 검사(0.51)와 구조화 면접(0.51) 등이었다. 필적감정의 타당성은 0.02로 낮은 편이었다. 그렇다면 우리는 타당성이 높은 선발도구만을 사용해야 하는가? 그것은 아니다. 왜냐하면 타당성 계수도 지금까지의 선발결과를 토대로 도출된 수치일 뿐이며 정확한 미래예측력을 보여주는 것은 아니기 때문이다. 따라서 조직에서는 철저한 인재선발을 위해 현재의 선발도구가 가지는 타당성을 조사하고 문제점이 없는지 확인하여 꾸준히 개선작업을 진행해야 할 것이다.

종합 정신적 능력
이는 지능지수(IQ)를 뜻하는 용어이다. 지능이 여러 차원의 하위개념으로 구성되어 있기에 이를 종합하였다는 의미이다.

3) 여러 선발도구를 조합하는 방식[14]

여러 선발도구를 조합한다는 말은 지원서, 시험, 면접 등의 도구들을 지원자 집단에 어떻게 적용할 것인지를 정하는 과정을 뜻한다. 대부분의 조직에서는 이들을 순차적으로 조합한다. 즉 지원자들이 지원서를 제출하면, 이들 가운데 1차 합격자를 뽑아내고, 1차 합격자를 대상으로 시험을 치르며, 시험전형을 통과한 사람에게 면접을 실시하는 것이다. 이를 단계적 제거법이라 한다. 이 방법은 선발의 각 단계마다 부적격자를 제거하는 방식으로서 매 단계를 거칠 때마다 조직에서 검토해야 하는 인원이 줄어들기에 선발비용이 절약되는 장점을 가지지만, 우수 지원자를 실수로 탈락시킬 가능성이 있다. 예를 들어 지원서류상의 스펙이 좋지 못한 사람은 제아무리 시험과 면접에서 높은 점수를 받을 잠재력(potential)이 있다 하더라도 시험 응시 기회조차 얻지 못하는 것이다. 따라서 선발도구들을 조합하는 이상적 방식은 종합적 평가법이라 할 수 있다. 이는 모든 지원자들을 대상으로 모든 선발전형의 각 요소를 실시하는 것이다. 예를 들어 모든 지원자들에게 지원서도 접수받고, 이들 모두에게 시험을 치게 하고, 이들 모두를 면접한다. 그리고 나서 각 전형요소별 점수를 모두 합산하여 지원자 중 적격자를 가려내는 방식이 바로 종합적 평가법이다. 이 방법을 실시하려면 모든 지원자들에게 시험장소와 면접공간을 제공해야 하므로 선발비용이 많이 들 것이다. 하지만 우수한 지원자를 실수로 놓칠 가능성은 줄어든다.

물론 현실적으로 비용문제 때문에 종합적 평가를 사용하는 조직은 거의 없다.

4) 왜 적게 뽑는가?

최근 청년들의 불만 중 하나는 취업을 위해 상당히 많은 노력을 기울여도 입사관문을 통과하기가 바늘구멍 통과하는 것만큼이나 힘들다는 것이다. 우리나라의 고도성장기였던 1970~1980년대에는 오히려 구직자들이 회사를 골라간다고 표현할 만큼 본인이 결심만 한다면 일할 수 있는 기회가 비교적 많은 편이었다. 그러나 우리나라도 이제 성장세가 꺾였고 여느 선진국들과 마찬가지로 저성장 국면에 접어들었다. 또한 세계적인 경기상

치열한 입사시험

[그림 6-3] **우리나라의 경제성장률 추이(단위 : %)**

출처 : 한국은행

황 역시 녹록치가 않다. 그래서 일자리는 더 이상 늘지 않고 있다. 그러나 인력공급 측면에서는 고도로 숙련된 인적자원들이 쏟아지고 있다. 높은 교육열로 인해 우리나라의 인적자원들은 세계적으로도 알아주는 수준의 실력을 갖추고 있다. 요즘의 청년들은 어릴적부터 영어교육을 꾸준히 받아와서 기성세대에 비해 글로벌 감각도 남다르다. 이런 상황 속에서 결국 유능한 인재들끼리 치열하게 더욱 경쟁을 해야만 소수의 안정적인 일자리를 얻는 상황이 되었다.

최근의 일자리 부족 문제는 수요와 공급 양 측면 모두에 원인이 있다. 우선 수요자인 민간부문과 공공부문의 조직측면에서는 성장정체로 인하여 인력의 필요량이 많이 줄었다. 경제수준 향상으로 인한 인건비 상승폭을 견디다 못한 상당수의 기업들이 생산공장을 해외로 이전하였다. 노동집약산업에서 자본 · 지식집약산업으로 산업구조가 개편되는 과정에서 객관적인 수준에서 일자리는 늘어나기가 어려운 것이 사실이다. 공급 측면에서도 한국사회의 산업구조를 지탱하는 각 영역에서 필요한 인력들이 고루 배출되지 못하고 있다. 특정 직업이나 직군에 대한 선망으로 고학력 인재들이 수요량 이상으로 공급된 것이다. 그러다 보니 대다수의 구직자들이 소수의 "좋은 직장"에 들어가기 위해 치열한 경쟁을 벌이게 되었다. 기업은 또 기업대로 세계화와 정보화 추세에 따른 무한경쟁에 직면해 있다. 열정과 끈기뿐만 아니라 제대로 된 실력을 갖춘 인재가 조직에 투입되어야만 선진국과의 기술경쟁 및 개발도상국과의 가격경쟁에서 승리할 수 있다. 따라서 조직의 필요조건과 맞지 않는 인재의 선발을 최소화하고, 유능한 인재를

실제로 고교 졸업자의 대학진학률은 2014년 70.9%로 OECD 1위이다.

[그림 6-4] **선발률, 직무성공률, 기초율**

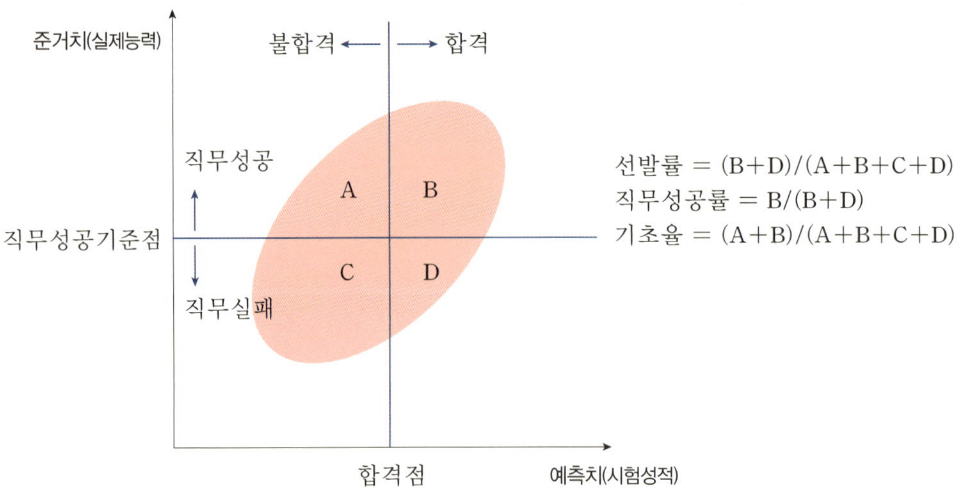

면밀하게 골라내어야 한다.

[그림 **6-4**]에서 B는 일을 잘 할 사람을 제대로 선발한 것이고, C는 일을 못할 사람을 잘 걸러낸 것이다. 즉 B와 C 영역은 제대로 판단한 영역이다. 반면 A는 일을 잘 할수 있는 사람을 조직에서 실수로 놓친 영역이고, D는 일을 잘 못할 사람을 조직의 실수로 선발한 영역이다. 타당성이 높은 선발은 전체 지원자 가운데 B와 C에 해당하는 면적의 비율이 A와 D에 해당하는 면적보다 상대적으로 큰 것이다. 여기서 한 가지 질문을 해 보자. A와 D를 동시에 줄이는 것이 과연 가능한가? 가능할 수 있다. 타원의 크기와 모양, 즉 시험성적과 합격 이후 조직에 들어와서 구성원이 달성하는 직무성과간 관계분포의 양상이 바뀌면 된다. 그러나 일반적으로 이 모양은 조직이 컨트롤하기가 쉽지 않다.

타원의 폭(짧은 축의 길이)이 좁아질수록 A와 D의 상대적 면적이 작아진다.

결국 조직은 합격의 기준을 옮기는 방식, 즉 그림에서 합격점을 왼쪽이나 오른쪽으로 이동시키는 방법을 쓰게 된다. 합격기준을 하향조정하면 A의 면적은 좁아지는 대신 D의 면적이 넓어진다. 합격기준을 상향 조정하면 A의 면적은 넓어지는 대신 D의 면적이 넓어진다. 결국 조직은 A와 D 중 무엇을 줄일 것인지 선택해야 한다. A부분을 제1종 오류(Type 1 error)라 한다. 이는 일을 제대로 할 수 있는 사람을 조직이 잘못하여 놓치는 선발오류이다. D부분을 제2종 오류(Type 2 error)라 한다. 이는 일을 잘 하지 못할 사람을 조직이 모르고 뽑아버리는 선발오류이다. 두 오류 중 상대적으로 더욱 심각한 것은 현실적으로 조직에 위협이 되는 제2종 오류가 된다. 제1종 오류는 인재를 놓친 오류니까 다음에 잘 뽑으면 되지만, 제2종 오류로 잘못 선발된 사람은 현재 조직의 역량을 깎아먹기 때문이다. 결론적으로 조직은 선발오류 중 제2종 오류를 줄이기 위해 합격점을 상향조정하려 할 것이다. 이는 곧 전체 지원자 중 선발되는 사람의 비율을 줄이는 것, 즉 선발율(selection ratio)을 작게 하는 정책으로 나타난다.

$$\text{선발율} = \frac{\text{선발된 인력의 수}}{\text{전체 지원자의 수}}$$

선발율을 작게 한다는 말은 사람을 적게 뽑거나 지원자의 수를 늘리는 것을 뜻한다. 대개 조직에서는 선발해야 할 사람의 수를 앞서 살펴본 인력계획에 의해 확정해 놓으므로 선발율을 줄일때는 대개 지원자의 수를 늘려 경쟁의 강도를 증가시키는 경우가 많다. 기업의 생존경쟁이 격화되고 작은 실수가 치명적 결과를 낳는 오늘날의 경제환경 속에서 많은 조직들은 극도로 보수적인 인력운용전략을 수립하게 된다. 이는 곧 구직자의 입장에서는 점점 더 취업의 문을 뚫기가 어려워질 것임을 의미한다.

II. 공부하는 직장인들

취업이 힘들어지는 만큼 운 좋게 조직에 입사한 사람들의 내부경쟁 압력도 점차 강화되고 있다. 탁월한 실력을 갖춘 신입사원들이 매년 들어오고 있으므로 무능한 선배나 상사라는 소리를 듣지 않기 위해서 늘 공부를 해야하는 것이다. 조직의 입장에서도 변화하는 환경에 대응하기 위해서는 늘 구성원들의 지식을 업데이트 해 줄 필요가 있다. 조직구성원들이 현재 보유하고 있는 능력은 시간이 경과함에 따라 자연적으로 감소한다. 지식의 양이 절반으로 줄어드는 데 소요되는 시간을 지식반감기(知識半減期)라 부르는데, 산업화의 진전으로 과거보다 지식반감기가 줄어드는 추세이다[15].

1. 교육훈련과 인적자원개발

KSA
지식, 기술, 능력 등

교육훈련(training & development)은 조직구성원들이 직무를 수행하는데 필요한 지식(knowledge), 기술(skill), 능력(ability), 태도(attitude)를 배양시켜 조직목표의 달성(예 : 성과의 증진)을 돕는 체계적 과정이다. 조직목표의 달성을 위해서 단기적으로는 우수인재를 조직 외부로부터 채용하는 것이 필요하

[그림 6-5] 지식반감기

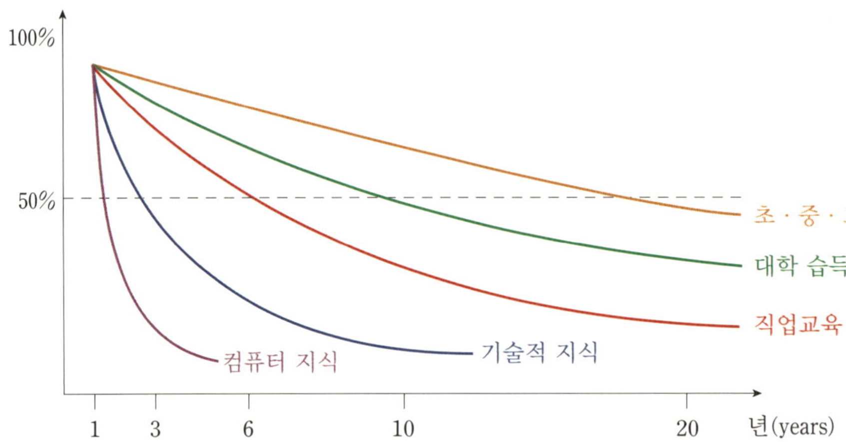

출처 : 박경규(2016), 수정인용

[그림 6-6] 관리층 구분에 따라 요구되는 능력

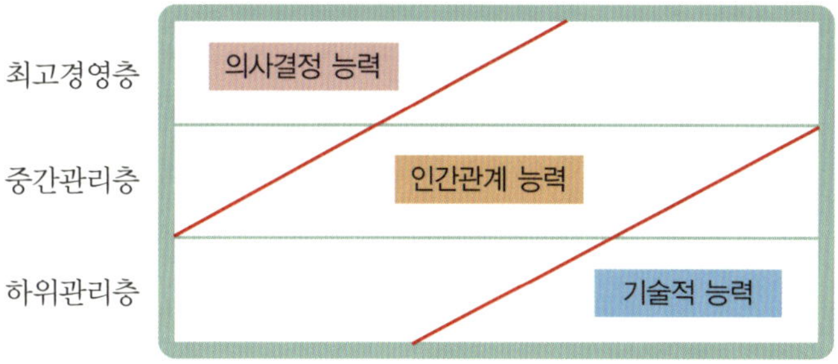

출처 : 박경규(2016)

겠지만, 중장기적으로는 조직의 내부노동시장(ILM)을 통해 육성되는 인력의 조직특화지식(organization-specific knowledge)이 회사에 가져다 주는 수익이 더 크다고 볼 수 있다는 점에서 교육훈련의 관리는 매우 중요하다고 볼 수 있다. 교육훈련은 인적자원개발의 한 부분이다. 인적자원개발(human resource development, HRD)은 현재 및 미래의 직무수요에 대응하기 위하여 조직의 인적자원들이 보유한 지식, 기술, 능력 등의 수준을 지속적으로 향상시키는 과정이다.

조직특화지식
타 조직이 아니라 우리 조직에서 사용되었을 때 그 효용가치가 특히 큰 지식

교육훈련의 내용은 조직구성원이 현재 조직에서 어떤 일을 수행하고 있는지에 따라 달라진다. **카츠**(Katz)에 따르면 최고경영층에게는 주로 전략수립과 관련한 의사결정능력이 요구되는 반면, 중간관리층에게는 주로 인간관계와 관련한 능력, 그리고 하위관리층에는 업무내용에 대한 구체적인 지식(기술적 능력)이 주로 요구된다[16]. 이를 도식화하면 [그림 6-6]과 같다.

카츠(Katz, D.)

2. 신입사원의 교육훈련

신입사원에게 필요한 교육훈련은 곧 조직사회화(organizational socialization)이다. 이는 한 개인이 소속 조직의 업무수행 방법, 중시되는 가치, 인간관계를 맺는 방식, 각종 생활양식과 조직문화 등을 습득해가는 과정을 의미한다[17]. 조직사회화는 새로운 세계로 들어서는 신입사원의 진입충격(entry shock)[18]을 완화시켜준다. 조직사회화를 통해서 개인은 자신의 모습을 조직의 기대에 맞는 사회적 자아(social self)로 바꾸어 나감으로써 조직에 성공적으로 적응할 수 있다. 또한 조직사회화는 조직정체성(organizational identity)[19]을 유도하여 적극적인 업무활동을 촉진시킨다. 조직정체성이 높은 사람일

수록 조직에 대하여 헌신적으로 몰입하며 직무만족도가 높다고 알려져 있다. 조직사회화의 대표적 기법은 다음과 같다.

구직자는 조직생활의 구체적 내용이나 급여조건 등에 대한 정보를 모르고 입사하는 경우가 많고, 그래서 사전지식과 실제 조직생활간의 격차로 인해 이직을 결심하는 경우가 종종 있다.

- 현실적 직무소개(realistic job preview, RJP) : 이는 조직에서 지원자에 대해 가지는 기대감의 내용과 조직에 대한 각종 정보(예 : 조직의 가치와 규범, 수행하게 될 직무의 내용, 급여조건 등)를 매우 현실적이고 객관적으로 지원자에게 알려주는 과정이다. 현실적 직무소개는 입사 전 조직사회화 과정에서 지원자가 신문, 잡지, 각종 매스미디어, 구전(입소문, word-of-mouth) 등을 통해 미리 얻게 된 조직과 직무에 대한 다양한 정보와 실제 입사 후 느끼는 현실간의 괴리에서 오는 진입충격을 완화시켜 줄 수 있다는 점에서 이직비용을 줄이는 데 도움이 된다.
- 오리엔테이션(orientation) : 이는 신입사원이 조직생활을 하면서 알아야 할 기본적인 규칙, 정책, 절차에 친숙해지도록 하는 대표적 조직사회화 프로그램이다. 일반적으로 오리엔테이션에서는 조직에 대한 전체적인 소개, 상사들에 대한 소개, 직무의 내용과 관련 규정에 대한 소개 등이 이루어진다.
- 사내교육훈련(OJT, on the job training) : 이는 직속상사나 선임자에 의하여 이루어지는 직무상의 훈련이다. 작업 현장에서 구성원이 실제로 업무수행을 하는 과정에서 지도가 이루어지므로 별도의 비용이 들지 않으며 교육효과나 피드백이 즉각적으로 측정가능하다. 업무의 인수인계, 간단한 작업방식의 설명, 문서작성요령이나 보고방식의 전수 등이 모두 OJT의 영역이 된다.

멘토링

- 멘토링(mentoring) : 이는 조직생활의 경험이 풍부하고 유능한 사람(멘토, mentor)이 그렇지 못한 신입사원(멘티, mentee)에게 조직의 여러 규범이나 절차 등에 적응할 수 있도록 도와주는 관계를 말한다. 멘토는 멘티에게 일종의 역할모델(role model)이 되는 동시에 심리적 지원자와 조언자의 역할을 수행한다. 멘토는 오랜 직무경험을 토대로 중요한 일과 그렇지 않은 일을 명확히 알고 있기에, 신입사원은 멘토의 업무역할에 대한 조언을 통해 역할모호성(role ambiguity, 조직의 기대와 역할 그리고 자신의 책임과 행동규범을 잘 알지 못하는 경우)과 역할갈등(역할 간 불일치 또는 상충)으로 인한 스트레스를 줄일 수 있다.

3. 관리자의 교육훈련

관리자에 필요한 각종 지식과 역량을 양성하는 교육훈련을 관리자 개발(managerial development)이라 한다. 일반적으로 관리자의 역량개발은 앞서 살펴본 바와 같이 주로 의사결정능력을 향상시키기 위한 여러 기법에 초점이 맞추어져 있다. 관련개념으로 액션러닝(action learning)이 있다. 이는 '행동을 통한 학습(learning by doing)' 관점에 기반하여, 경영현장에서 실제로 겪을 수 있는 다양한 사례들에 대하여 체계적인 의사결정과 문제해결절차를 경험하게 함으로써 앞으로의 실제 이슈와 문제에 대한 대응능력을 키우는 것을 목표로 하는 훈련기법이다[20]. 이를 위해서는 인바스켓 훈련, 비즈니스 게임, 사례연구 등의 다양한 교육훈련 기법이 요청된다[21].

- 인바스켓 훈련(in-basket training) : 이는 관리자의 의사결정능력 제고를 위해서, 조직관련 의사결정에 필요한 정보를 제공한 뒤 특정 상황에 대한 문제해결을 시도하게 하는 기법이다. 여러 가지 과제를 한꺼번에 부여한 다음 우선순위나 처리방안 등을 고민하게 하거나, 보고서를 작성하게끔 한다.

인바스켓 훈련은 '서류함 훈련'이라 부르기도 한다.

- 비즈니스 게임(business game) : 이는 다른 조직과의 경쟁상황에서 올바른 의사결정능력을 제고시키기 위해 개발된 것으로 "의사결정 – 결과분석 – 피드백"의 과정을 반복하며 의사결정의 질을 높이는 능력을 제고하는 교육훈련의 기법이다. 게임의 형식이므로 나의 의사결정 결과에 대한 피드백이 게임 결과의 형태로 즉각적으로 제공되므로, 의사결정의 효과성 및 정확성 여부에 대한 판단이 가능하다.

- 사례연구(case study) : 이는 관리자의 의사결정능력 향상을 위하여 개발된 기법으로, 실제로 여러 조직체에서 발생한 일련의 사건과 현황들을 제시하고 교육참가자들은 각 사례별 문제점, 원인, 대안 등을 찾아 발표하는 방식의 교육훈련 방법이다. 현실의 사례가 학습의 자료가 되므로 흥미와 학습동기를 유발할 수 있으며, 조직의 실제 당면 과제에 대한 학습이 가능하다.

각종 경영 사례들

4. 교육훈련의 성과평가

최근 성과주의가 널리 확산되면서 교육훈련에서도 성과의 측정과 평가가 중요하게 대두되고 있다. 종래에는 단순히 지식의 습득과 훈련(training)이라는 관점에서만 진행되던 교육훈련이 역량중심, 성과중심의 트렌드와 결부되어 이제는 조직의 목표달성과 장기적 경쟁력 향상을 위한 밑거름으로서의 중요성을 갖게 된 것이다. 따라서 교육훈련에서도 조직효과성에 대한 기여도, 즉 성과의 제대로 된 측정과 평가가 필수적으로 요청되게 된다.

교육훈련 활동에 대하여 평가를 실시하는 목적은 다음과 같다[22]. 첫째, 교육훈련 활동이 추구한 다양한 목적이 다양한 효과(경제적, 교육적 등)측면에서 달성되었는지 조직 내 여러 이해관계자에게 정보를 제공한다. 둘째, 교육프로그램의 참가자 및 실시자에게 프로그램의 실시결과를 피드백한다. 셋째, 교육훈련시스템의 취약분야를 밝혀 향후 인력개발 활동을 계획하는데 보다 유용한 자료를 제공한다.

커크패트릭 (Kirkpatrick, D.)

커크패트릭(Kirkpatrick)은 교육훈련의 성과를 반응, 학습, 행동, 결과의 4단계로 나누어 각각을 측정 · 평가할 수 있다고 주장하였다[23].

- 반응(reaction) : 이는 교육훈련 참여자들의 개발프로그램에 대한 전반적 느낌이나 만족도에 대한 평가를 의미한다. 주로 교육내용이나 강사에 대한 평가로서, 설문지나 인터뷰 등의 방법을 사용하여 실시한다.
- 학습(learning) : 이는 교육 참가자들이 보유한 지식, 기술, 능력 등에서의 향상도에 대한 평가를 의미한다. 이는 교육목표의 달성정도를 측정하는 것으로서, 사전/사후 비교검사(교육 전후의 상태를 비교)나 통제집단 비교(교육집단과 비교육집단 간 비교), 시험(test) 등의 방법을 사용하여 실시한다.
- 행동(behavior) : 이는 교육 참가자들의 성과행동에 일어난 변화를 평가하는 것으로서, 주로 학습내용을 현장에서 어떻게, 그리고 어느 정도로 적용하고 있는지를 살펴보는 것이다. 주로 인터뷰나 직 · 간접적 관찰, 그리고 설문조사를 통해 파악할 수 있다.
- 결과(result) : 이는 인적자원 교육활동의 최종적 산물이 되는 조직효과성의 변화 정도를 측정하는 것으로서, 교육훈련을 통해 조직이 얻는 이익을 파악하는 것이다. 주로 비용-편익 분석을 실시하게 된다.

이상의 측정대상 중에서 무엇이 주된 평가대상이 되는지는 조직마다, 그리고 구체적 평가상황마다 달라질 수 있기에 조직에서 필요한 평가항목을

[그림 6-7] **교육훈련평가의 4가지 기준**

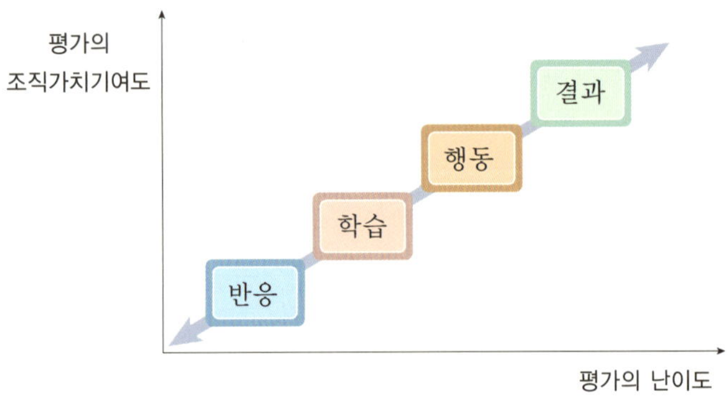

선택하면 된다. 반응평가의 경우 평가 자체는 매우 용이하지만, 반응이 좋은 교육훈련이 반드시 조직에 도움이 된다고 보기는 힘들다. 반면에 결과평가의 경우 교육을 통한 성과향상도를 측정해야 하므로 평가자체는 상당히 어렵겠지만, 제대로 평가가 실시될수만 있다면 교육의 조직성과 향상효과를 확실하게 측정할 수 있을 것이다. 결론적으로 교육평가대상(반응, 학습, 행동, 결과)의 평가용이성과 각각의 조직가치기여도는 서로 상반(trade-off)관계에 있다고 할 수 있다.

1) 이성택(2016.05.13), "4월 청년 실업률 10.2% 역대 최고… 날씨 탓하는 정부", 「한국일보」
조순 · 정운찬 · 전성인 · 김영식(2013), 『경제학원론』(제10판), 서울 : 율곡출판사
2) 오호영(2012.03), "청년층 취업난과 미스매치", 「The HRD Review」
3) Mathis, R. L., & Jackson, J. H. (2011), *Human Resource Management*(13th edi.). Cengage Learning.
4) 박경규(2016), 『신인사관리』(제6판), 서울 : 홍문사
5) 김영재 · 김성국 · 김강식(2015), 『신인적자원관리』(제3판), 서울 : 탑북스
6) 배종석(2012), 『인적자원론』(제2판), 서울 : 홍문사
7) 여기서 도전적인 과제란, 너무 쉽지도 또 어렵지도 않은 적정한 난이도를 가진 일이란 뜻이다. 일반적으로 직무에 대한 동기부여의 크기는 일의 성공확률과 실패확률의 곱으로 표현한다.

$$동기부여 = 성공확률 \times 실패확률 = 성공확률 \times (1 - 성공확률)$$

이 식을 잘 보면 동기부여의 정도가 최대가 되는 성공확률은 0.5, 즉 50%라는 점을 알 수 있다. 성취가 너무 쉬운 일은 도리어 동기부여 효과가 크지 않을 수 있다는 것이다.
8) 박경규, 전게서
김영재 등, 전게서
임창희(2014), 『인적자원관리』(제3판), 서울 : 비앤엠북스
9) 배종석, 전게서
10) Barrick, M. R., Mount, M. K. (1991). The Big Five personality dimensions and job performance : A meta-analysis. *Personnel Psychology*, 44, pp.1~26.
11) Schneider, B., Goldstein, H. W., & Smith, D. B. (1995). The ASA framework : An update. *Personnel Psychology*, 48, pp.747~773.
12) Mathis & Jackson, *Op Cit*.
13) Schmidt, F. L., & Hunter, J. E. (1998). The validity and utility of selection methods in personnel psychology : Practical and theoretical implications of 85 years of research findings, *Psychological Bulletin*, 124(2), pp.262~274.
14) 박경규, 전게서
15) 박경규, 전게서
16) Katz, D. (1955). Skills of an effective administrator. *Harvard Business Review*, Jan-Feb, pp.34~42.
17) 이진규(2001), 『전략적 · 윤리적 인사관리』, 서울 : 박영사
18) 진입충격은 상사에 대한 예속관계, 성과 피드백의 결여, 의사결정 권한의 결여, 빠른 변화속도, 승진의 적체, 문제해결의 어려움, 조직정치, 단순한 직무 등의 요인에 의해 발생되는 경우가 많다.
19) 조직정체성이란 개인이 조직의 목표나 가치 등을 자신의 것처럼 여기고 조직에 대해 애착을 갖는 것을 말한다. 일반적으로 차오 등(Chao et al.)의 연구에 따르면 조직사회화 과정에서 습득되는 지식은 조직의 역사(history), 조직 특유의 언어(language), 정치(politics)적 역학관계, 사람(people)에 대한 정보, 조직목표와 가치관(organizational goals and values), 업무수행의 숙련도(performance proficiency) 향상 방법 등으로서, 이들 지식의 습득은 조직정체성의 형성에 도움이 된다.
Chao, G. T., O'Leary-Kelly, A. M., Wolf, S., Klein, H. J., & Gardner, P. H. (1994). Organizational socialization : Its content and consequences. *Journal of Applied Psychology*, 79, pp.730~743.
20) 김영재 등, 전게서
21) 앞서 '조직사회화' 에서 살펴본 멘토링 역시 관리층의 교육훈련 기법으로 활용 가능하다.
22) 박경규, 전게서
23) 김영재 등, 전게서

CHAPTER 7
평가와 오류

CHAPTER 7

Ⅰ. 객관적인 평가는 없다

FUNDAMENTALS OF MANAGEMENT

평가
= performance appraisal
= performance management

이번 장에서는 조직구성원에 대한 상사의 **평가**에 대하여 살펴본다. 평가는 흔히 '인사고과' 라는 명칭으로 우리에게 잘 알려져 있다. 인사고과는 대개 특정한 기간(보통 1년)동안 구성원이 조직에서 수행한 업무성과와 능력 내지는 앞으로의 장래성 등을 종합하여 평가자(보통 직속상사)가 판단을 수행하는 방식으로 진행된다. 조직에서 구성원들을 통제(control)하는 방법에는 크게 거시적 방법과 미시적 방법이 있다[1]. 전자는 주로 재무적 · 전략적 지표를 활용하여 사업부(division)나 부문(department)의 사업성과를 평가하는 것이고, 후자는 주로 개별 조직구성원과 팀의 평가를 뜻하며 본 장에서 다룰 내용은 바로 이것이다.

그런데 우리나라 직장인들의 상당수는 평가에 대한 인식이 그다지 긍정적이지 못한 것 같다. 국내 굴지의 한 대기업 인사팀 직원분들을 대상으로 평가에 대한 강의를 한 적이 있다. 강의를 마친 후 질문을 받는 시간에 차장급 관리자분께서 이런 말씀을 하셨다.

"사실 평가라는게 다 쓸모가 없는 것 아닙니까? 평가의 목적은 평가결과를 토대로 승진이나 보상을 결정하기 위함인데, 현재 조직이 돌아가는 모습을 보면 꼭 그런 것 같지는 않거든요."

[그림 7-1] **평가관리의 개념**

이 문장에 담긴 생각. 이 글을 읽으시는 많은 직장인분들께서도 아마도 동의를 하실 것이라 예상한다. 중소기업에 강의를 가면 꼭 한두분이 대기업에서는 평가를 어떻게 하는지 질문을 주신다. 질문의 내용은 위의 한 대기업 차장님이 주신 질문과 유사하다. 자신들의 회사에서 실시하고 있는 평가라는게 당최 쓸모없어 보이는데, 그것이 자신의 회사가 중소기업이라서 그런 것 아니냐는 것이다. 대기업 관리자들도 자신들의 평가제도가 약간 엉성한 것 같다고 하면서 국내 최고의 기업인 삼성이나 현대에서는 어떻게 평가제도를 운영하는지를 물어보신다. 삼성에 강의를 가도 마찬가지로 미국에서는 어떻게 평가하는지 물어보신다. 이렇게 다들 자신의 회사에서 운영하고 있는 평가시스템에 문제가 있다고 인식한다면, 그 이유는 무엇일까?

1. 테일러 시절의 평가[2)]

과학적 관리론에 따르면 모든 조직구성원들은 각자가 수행한 작업성과에 따라 보상을 받는다. 제4장에서 살펴본 바와 같이 표준화(통일)된 작업절차와 공정한 작업량에 따라 임금지급률(예 : 시급)이 설정된다. 따라서 관리자는 구성원이 얼마만큼의 성과를 얼마동안 달성했는지를 평가하면 된다. 즉 시간당 생산량과 같은 구체적인 측정지표를 활용하여 평가한다는 것이다. 이처럼 평가의 내용이 단순하고 또 그 측정지표 역시 명확한 경우에는 평가에 큰 어려움이 없다.

2. 지식정보사회에서의 평가

반면 오늘날과 같은 지식정보사회에서는 부가가치의 상당수가 서비스업이나 콘텐츠산업과 같은 영역에서 발생한다. 이들 업종에 종사하는 근로자의 비중도 점차 늘고 있다. [그림 **7-2**]에서 확인할 수 있듯이 오늘날 전체 취업자의 70% 이상이 제3차 산업에 종사하고 있다. 이러한 경우 조직구성원의 업무성과를 계량적으로 측정하는 것이 쉽지 않다. 예를 들어 커피숍 직원의 경우 성과를 무엇으로 측정해야 하는가? 몇 가지 지표를 생각해 보자.

(A) 특정 기간동안의 커피 판매량

(B) 해당 직원의 서비스 응대에 대한 고객들의 만족도

(C) 직원의 스펙과 경력사항

위의 세 기준을 하나씩 살펴보자. 먼저 (A)이다. 일주일간의 커피 판매량으로 주단위 급여를 결정한다고 가정할 경우, 한 가지 의문이 제기될 수 있다. 바로 "커피 판매량이 직원의 노력과 직접적인 연관이 있는가?"라는 질문이다. 물론 직원이 성실히 고객응대를 하고 또 상대적으로 비싼 커피를 고객이 주문하도록 유도하여 커피숍의 전체매출이 증가할 수도 있다. 하지만 커피숍의 매출은 직원의 노력 외에도 커피숍의 브랜드 파워, 매장의 인테리어, 커피숍의 위치 등 수많은 요인에 의해 좌우될 수 있다. 따라서 판매량으로 직원을 평가하는 것은 문제가 있다.

두 번째 지표, (B)를 보자. 해당 직원의 서비스에 대한 고객들의 만족도로 직원의 성과를 평가한다고 가정할 경우, 두 가지가 쟁점이 될 수 있다. 한 가지 문제는 바로 '고객서비스'를 어떻게 평가할 것인가의 문제이다. 설문조사로 할 것인가? 아니면 고객을 붙잡고 물어볼 것인가? 그것도 아니라면 인터넷 홈페이지를 개설해서 그 곳에 고객이 직접 직원평가를 입력하게 할 것인가? 무엇 하나 간단한 것이 없다. 그리고 고객의 직원서비스 인식은 매장에서 직원이 응대하는 방식 외에도 직원의 외모로 인한 후광효과(halo effect)의 지대한 영향을 받는다. 다른 또 하나의 문제는 고객의 만족도를 설령 측정할 수 있다고 하더라도 이것이 커피숍의 전체적 성과인 매출과 관련이 있는가의 여부이다. 앞서 언급한 대로 매출은 고객서비스 외 여러 요인의 영향을 받기에 이를 토대로 직원의 성과를 판단하기는 쉽지 않다.

실제로 상당수의 서비스업체에서는 고객을 응대하는 직원을 선발할 때 외모를 많이 보는 것이 아니냐는 의혹을 사고 있다.

마지막 지표, (C)를 살펴보자. 직원의 스펙이나 과거 경력을 토대로 직원을 평가할 경우, 업무성과가 아닌 업무하기 이전부터 직원이 구비하고 있던 요인으로 사람을 판단한다는 문제가 제기된다. 능력이나 경력 등은 업

[그림 7-2] **산업유형별 취업자 비율 추이**[3)]

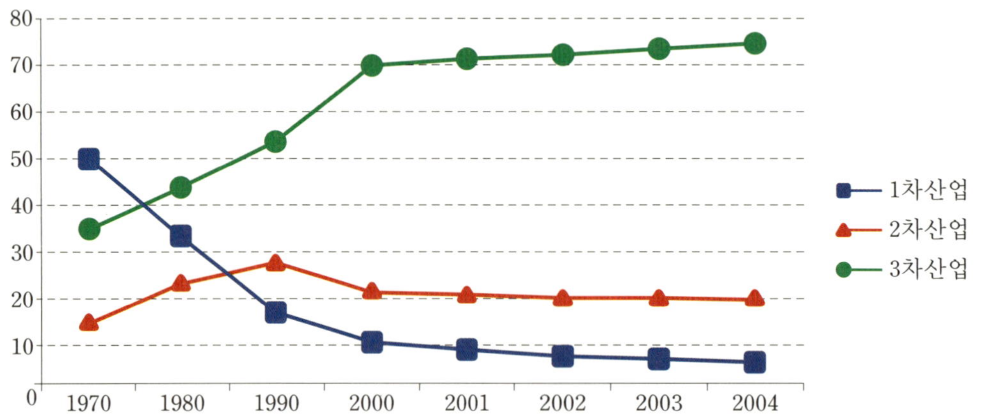

무에 도움이 되는 중요한 요소임에 틀림없다. 그러나 성과에 대한 평가는 마땅히 업무수행의 결과를 보고 판단하는 것이 논리적이다.

결론적으로 어떤 지표를 활용하더라도 불완전한 평가가 되기에, 결국 커피숍 주인이 직접 일정 기간동안 직원의 고객응대 태도, 고객들의 반응, 직원의 개인적 능력 등을 종합적으로 고려하여 평가하는 수 밖에 없게 된다. 다시 말해서 객관적 평가가 아니라 주관적인 평가가 진행된다는 것이다. 직원이 소수인 커피숍에서의 평가도 이러할진대, 대기업에서의 평가가 어려울 것임은 두말할 나위가 없다.

II. 평가오류는 언제 생기는가?

FUNDAMENTALS OF MANAGEMENT

CHAPTER 7

평가에서 고려하는 판단대상은 크게 조직구성원의 성과, 업무수행 과정, 일하는 과정에서 사용되는 능력이나 지식 등으로 크게 구분된다[4]. 이 중 어디에 초점을 두는지에 따라 결과중심 평가, 과정중심 평가, 특성중심 평가라고 각각 이름을 붙이게 된다. 업무성과든 일하는 과정이든 또는 구성원의 능력이든 간에 이를 평가하는 주체는 모두 사람이다. 즉 기계가 아니라는 것이다. 사람은 기본적으로 완벽한 존재가 아니기에 평가자는 평가를 수행하는 과정에서 여러 가지 실수를 범할 수 있다. 그렇기에 평가자는 평가에 임하기 전에 제대로 된 평가를 수행하기 위해 필요한 요소가 무엇인

결과고과 : output
과정고과 : process
특성고과 : input

[그림 7-3] 평가에서 고려되는 대상

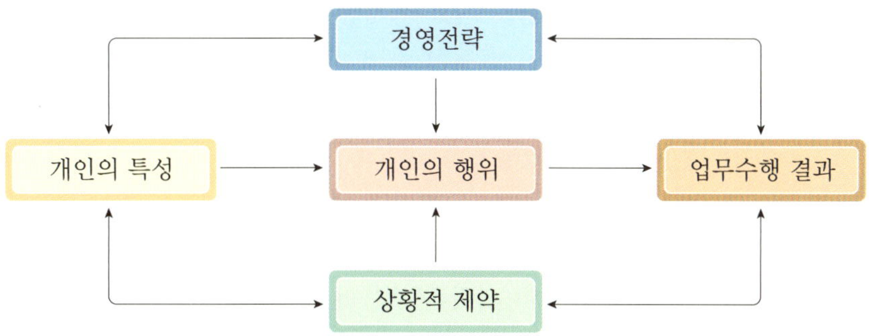

출처 : Noe et al.(2012)

지 면밀히 검토한 다음, 여러 종류의 오류유형에 대한 숙지를 해 두어야 한다.

1. 바람직한 평가가 갖추어야 할 요건

인사평가는 개인과 팀의 활동들이 조직목표에 잘 연계되고 있는지를 확인할 수 있는 도구이다. 즉, 평가결과가 좋으면 지금 하는 방식대로 계속하면 되고 평가결과가 나쁘면 업무방식을 개선하게 하여, 조직의 사업전략이 요구하는 핵심직무와 관련활동들을 개인과 팀이 잘 수행할 수 있도록 독려하는 기능을 수행한다. 또한 평가는 조직구성원의 능력개발에도 다양한 방식으로 기여한다. 평가과정을 통해 구성원이 조직목표의 달성을 위해 어느 정도의 노력을 기울이는지를 알 수 있기에, 인사평가는 각각의 구성원들에게 업무의 방향을 명확히 제시해 준다. 이처럼 중요한 인사평가제도가 본래 추구하는 목적(조직목표의 달성 및 구성원의 능력개발)을 제대로 수행하는 동시에 사회적인 정당성(legitimacy)[5]을 얻기 위해서는 다음의 몇 가지 사항들[6]에 유의해야 한다. 이하의 사항들은 사람이 사람을 평가하고 판단하는 과정에서 언제나 중요한 것이므로 비단 인사평가뿐만이 아니라 인재의 선발시에도 적용가능한 기준들이 된다.

1) 신뢰성

인사조직론에서 횡적 측면은 동일 시점에서의 관측을, 종적 측면은 서로 다른 시점에서의 관측을 뜻한다.

신뢰성(reliability)은 선발과 평가에서 사용하는 각종 수단들의 일관성 내지는 안정성을 의미한다. 일관성은 여러 대상들에게 같은 기준을 적용하는가의 문제이고, 안정성은 그 기준의 적용이 시간이 흐르더라도 바뀌지 않는가의 문제이다. 보다 학술적으로 표현해 보면, 일관성(consistency)은 신뢰성의 횡적 측면으로서 동일시점에서 비슷한 둘 이상의 집단을 대상으로 같은 측정방법을 사용하여 얻은 측정결과가 유사한지의 여부를 의미하고, 안정성(stability)은 신뢰성의 종적 측면으로서 서로 다른 시점에서의 측정결과가 유사한지의 여부를 뜻한다. 상사가 동일한 기준을 적용하여 성과가 비슷한 두 명의 직원을 평가하였을 때 그 결과가 비슷하다면 일관성이 큰 것이고, 상사가 부하직원의 평가시에 작년이나 올해나 모두 동일한 평가기준을 적용한다면 안정성이 큰 것이다. 결론적으로 동일한 평가도구로 동일한 환경에서 측정한 값이 시간의 흐름에 상관없이 유사하다면 신뢰성이 높은 것이다.

[그림 7-4] 신뢰성의 두 측면

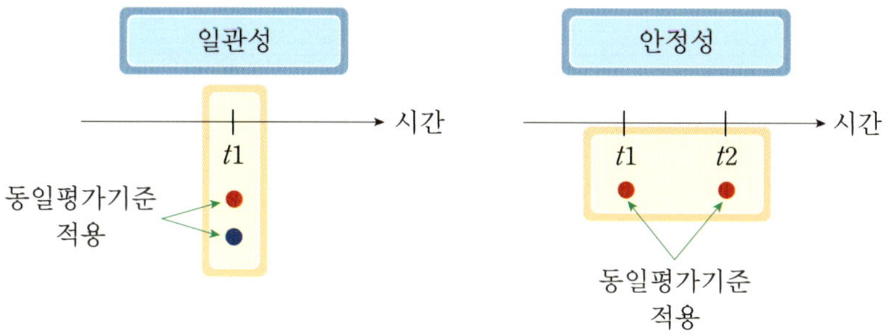

2) 타당성

타당성(validity)이란 선발과 평가에서 사용하는 각종 수단들이 그 목적과 취지에 적합하게 사용되고 있는지의 정도를 의미한다. 예를 들어 지적인 능력을 검증하는 시험을 실시할 때 지적인 능력과 무관한 (예를 들어 감정에 관한) 시험문항이 포함되어 있다면 이는 타당성이 낮은 시험인 반면 지적인 능력이 높은 사람을 선별해 내기에 적합한 평가도구를 사용한다면 이는 타당성이 높은 경우라 하겠다. 앞서 제6장에서 살펴본 것처럼 선발도구의 타당성이 높다는 말은 곧 해당 도구로 선발된 사람들이 실제로도 일을 잘할 가능성이 크다는 의미이다.

그래서 타당성을 목적부합성이라 표현할 수도 있다.

구체적으로 타당성을 판단할 때는 인사평가가 조직성과와 관련된 모든 측면은 빠짐없이 고려하고 성과와 무관한 부분은 제외하여 측정하였는지를 확인하면 된다. 달리 표현하면, 높은 타당성이란 수집된 정보 중에서는 성과와 무관한 부분(오염, contamination)이 적어야 하며, 동시에 성과관련성이 크지만 미처 수집되지 못한 정보(결핍, deficiency)가 없어야 함을 뜻한다. 예를 들어 승진의사결정에서 가장 중요한 요소는 향후 수행하게 될 직무에 대한 잠재능력이나 적성이 되므로 이들 요소에 대한 평가가 이루어져야 하지만, 만약 적성의 평가는 무시하고(결핍 발생) 기존의 실적을 중심으로 평가하게 된다면 실제 승진한 뒤의 상위 직급에서는 필요하지 않은 요소가 평가에 영향을 미칠 가능성이 높으므로(오염 발생) 타당성이 낮아지게 된다.

따라서 평가의 타당성 제고를 위해서는 해당 평가목적을 실현하는데 있어 가장 필수적이고 핵심적인 요소들을 우선적으로 고려하고, 나머지 평가항목들은 2차적(보조적)으로 고려할 필요가 있다.

[그림 7-5] **오염과 결핍**

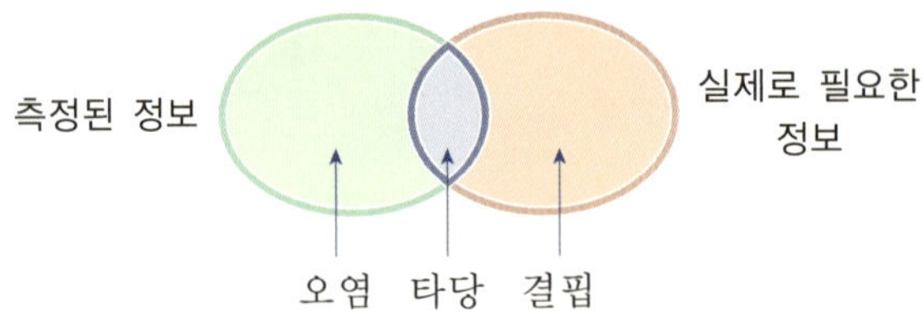

3) 수용성

조직 내에 상담제도나 멘토링 시스템이 구축되어 있다면 평가제도의 수용성은 향상될 것이다.

수용성(acceptability)은 평가나 선발제도에 대해 조직구성원들이 이를 합당한 것으로 받아들이고 정당하며 공정한 제도라 생각하는 동시에, 이 제도의 활용목적에 대해서도 전적으로 신뢰하는 것을 말한다. 평가요소를 선정할 때나 평가방식을 만들 때 구성원들을 참여시키고, 세부내용이 확정된 다음에는 이를 공개하여 의견수렴 과정을 거친다면 수용성을 높일 수 있다. 만약 구성원들이 이해하지 못하는 부분이 있거나 새로운 제도가 만들어진다면 각종 설명회 등을 통해 제대로 교육하고, 평가자들이 정확한 평가를 할 수 있도록 그들을 훈련시켜 오류가 발생하지 않도록 해야 한다.

4) 효용성

효용성(utility)이란 선발 및 평가제도의 도입 및 운영 비용보다 그로 인해 얻는 이익이 더 큰 것으로서 실용성이라고도 불린다. 평가제도의 효용성이 제고되기 위해서는 평가대상인 구성원들의 성과차이가 커서 변별력이 확보되어야 하고, 평가제도 자체가 이해하기 쉬운 것이어야 하며, 평가비용의 개발비나 운영비가 과도해서는 안 된다. 효용성을 파악하는 대표적 도구가 비용-편익 분석(cost-benefit analysis)이다. 이는 평가도구를 개발하는데 투입된 비용에 대비하여 평가로 인하여 조직이 얻게 되는 편익의 크기가 어느 정도인지를 파악하여 평가도구의 효용성을 판단하는 방법이다[7].

2. 평가오류의 유형

평가자가 흔히 저지르는 오류에는 다음과 같은 것들이 있다[8].

[그림 7-6] 항상오류

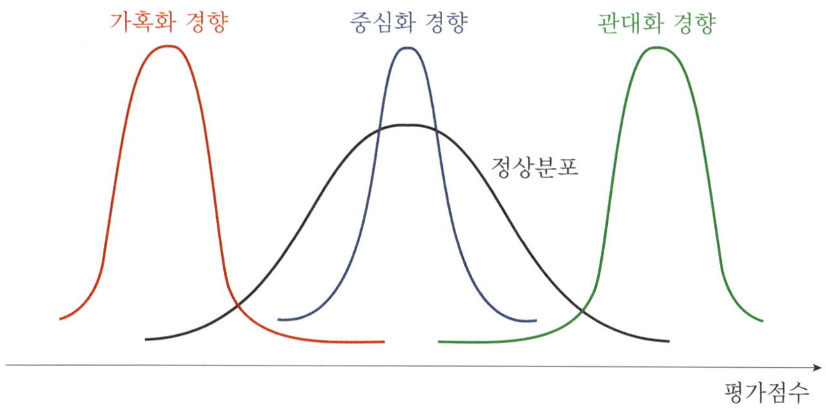

1) 항상오류

> 항상오류를 방지하는 한 수단으로는 정규분포도를 활용하여 강제로 평가 결과를 할당하는 방법이 있다.

항상오류(constant error)는 평가자의 개인적 성향에 근거하여 항상 규칙적으로 발생하는 오류를 말한다. 항상오류에는 관대화, 가혹화, 중심화 등이 있다. 관대화 경향(leniency tendency)은 실제 능력이나 성과보다 더 높게 평가하려는 경향이며, 가혹화 경향(harsh tendency)은 실제 능력이나 성과보다 더 낮게 평가하려는 경향을, 중심화 경향(central tendency)은 평가척도(기준)가 가지는 범위의 중간 정도에 피평가자를 두려는 경향을 의미한다.

2) 상동오류

> **상동오류를 줄이는 방법**
> ① 평가자의 객관적 시각
> ② 복수 평가자 시스템 도입

상동오류(stereotyping, 고정관념)는 특정한 유형(종교, 성별, 인종 등 피평가자가 속한 집단)에 대해 가지고 있는 편견에 근거하여 발생하는 오류를 말한다. 이를 극복하기 위해서는 평가자 스스로 객관적 시각을 갖추기 위해 노력하는 동시에, 다른 평가자와 함께 평가를 수행함으로써 스스로의 시각에 대한 제3자의 견해를 비교해 볼 필요가 있다.

3) 후광효과

> **후광효과와 상동오류의 비교**
> 전자는 개인의 한 특징으로 나머지를 넘겨짚는 것이고, 후자는 그 사람이 소속된 집단의 속성으로 나머지를 추론하는 것이다.

후광효과(halo effect, 현혹효과)는 평가자가 피평가자의 어느 한 개인적 특징으로 나머지 전체를 평가해버리는 경향을 말한다. 영어 성적이 뛰어난 사람의 성실성이나 업무수행능력에 대해 좋은 인상을 갖게 되는 경우나, 외모를 보고 성격까지 추론하는 것 등이 이에 해당한다.

4) 대비오류

대비오류(contrast error)는 대조효과라 하기도 하며, 비교대상(다른 평가대상이나 평가자 자신을 포함)이 무엇인지에 따라 실제의 평가결과가 달라지는 현상을 의미한다. 면접시 우수한 후보 바로 뒤 순서의 평범한 후보는 중간 이하의 평가점수를 받게 될 가능성이 크다. 경우에 따라서는 인접한 평가요소간의 차이를 실제보다 크게 지각하는 현상을 별도로 근접오류(proximity error)라 지칭하기도 한다.

5) 유사성 오류

유사성 오류(similar-to-me error)는 평가자 자신이 스스로와 가치관, 행동, 태도 등이 비슷한 평가대상에게 더 후하거나 더 박한 평가를 하는 것을 말한다. 같은 학교 출신을 우대하거나, 술을 좋아하는 상사가 술을 잘 먹는 부하를 잘 챙겨주는 것이 그 예에 해당한다. 일반적으로는 유사성으로 인해 후한 점수를 받는 경우가 문제가 되지만, 그 반대의 경우도 발생할 수 있다.

6) 시간적 오류

시간적 오류의 예

	상반기	하반기	평균
甲	60	70	65
乙	70	60	65

(위 상황에서 甲이 승진)

시간적 오류(recency effect, 최근 효과)는 상대적으로 최근에 겪은 사건이나 항목에 대한 기억이 그렇지 않은 기억보다 더 쉽게 평가자의 입장에서 활용될 수 있음을 의미한다. 지난 두 분기동안의 성과가 좋지 않지만 올해 마지막 분기의 성과는 좋은 사람과, 지난 두 분기동안의 성과는 좋지만 올해 마지막 분기의 성과가 좋지 않은 사람 중, 평가자의 입장에서는 전자가 더 뛰어난 사람인 것처럼 인식될 수 있다.

Ⅲ. 실수를 줄이는 평가방법

인사평가가 개인과 조직의 장래에 미치는 영향을 생각해 본다면, 조직에서 인사평가의 오류를 줄이려는 노력은 투자할 만한 가치가 있는 것이다. 특히 다음장에서 살펴보겠지만 평가결과는 조직구성원이 가장 많은 관심을 가지고 있는 승진과 보상의 결정에 직접적인 근거자료로 사용된다[9]. 상당히 많은 조직체에서 구성원들이 승진과 보상에 대한 불만을 갖고 있는 현상의 근저에는 평가에 대한 깊은 불신이 자리하고 있음을 간과해서는 안 된다. 따라서 평가에서 발생가능한 각종 오류를 바로잡는 것은 무척이나 중요한 과제가 된다. 평가오류의 개선에 가장 필요한 것은 바로 평가자의 자질 개선이다. 이를 위하여 평가자에게 교육훈련을 제공하거나 평가자가 제대로 평가를 하는지를 평가하는 것은 그 효과가 분명하다고 알려져 있다[10]. 일단 평가자의 자질이 개선되었다고 전제한다면, 평가오류를 줄이기 위해 남은 과제는 제대로 된 평가방법을 사용하는 것이다. 이하에서 그 내용 중 일부를 살펴본다.

1. 신뢰성의 측면 : 안정성과 일관성을 제고하는 평가방법

이 장의 처음에 언급한 것과 같이 많은 조직의 구성원들은 자신들의 조직에서 실시하고 있는 평가에 문제가 많다고 생각한다. 그리고 그 주된 원인으로 지목되는 것 중 하나가 바로 신뢰성의 결여, 즉 안정적이고 일관적인 평가원칙이 없다는 것이다. 구체적으로 문제점을 하나씩 검토해 보고, 문제점의 해결방안이 될 수 있는 평가기법을 소개한다.

첫째, 평가기준이 애매하고 자의적이라서 시점에 따라 예측할 수 없는 다른 기준이 적용된다. 이는 곧 평가의 안정성이 낮다는 것이다. 실제로 한 기업에서는 n년과 $n+1$년의 성과평가 점수간 관계를 단순 비교한 결과 상관계수가 음(−)으로 나오기도 했다. 같은 직원인데 전년도에 일을 열심히 한 사람이 다음해에는 열심히 놀았다는 말인가? 이러한 현상이 발생하는 까닭은 평가기준이 명확치 않기에 평가자가 자신의 의도대로 평가제도를 이용하기 때문이다. 우리나라는 대부분의 조직체에서 연공형 인사관리에 입각하여 조직을 운영하고 있다. 여기서는 조직에서의 근속연수에 따라 승진과 보상의 크기가 결정되므로 특정 년도에서 승진대상자가 거의 정해

상관계수는 두 변수의 관계를 의미한다. 그 값이 양(+)이면 두 변수는 서로 비례관계에 있고, 그 값이 음(−)이면 두 변수는 서로 반대로 움직인다.

드러커(Drucker, P.)

져 있는 경우가 많다[11]. 대외적으로는 합리적 성과평가에 따라 승진제도를 운영하는 것처럼 보여져야 하기에 사전에 정해진 특정한 승진대상자가 좋은 평가점수를 받게끔 평가기준을 마련한다. 다음해에는 다른 승진대상자에게 좋은 평가점수를 주어야 하기에 전년도에 승진한 인력은 승진 직후 평가점수를 적게 받는 경우가 많다. 이처럼 평가기준이 애매모호하고 자의적이라는 비판을 극복하기 위하여 목표관리법(MBO, management by objective)의 도입을 검토할 수 있다. **드러커**(Drucker)와 맥그리거(McGregor)에 의해 체계화된 목표관리법은 6개월 또는 1년의 기간 내에 달성할 특정 목표를 평가자와 피평가자의 합의에 의해 설정하고, 그 기간이 종료된 후에 목표를 양적, 질적으로 달성하였는지 평가하는 결과지향적 평가기법이다. 목표관리법에서는 평가기준이 자의적으로 결정되는 것이 아니라 종업원과 상사 간의 협의에 따라 정해진다.

평정척도법의 예

Q. 다음 항목에 해당하는 점수는?

성실성

1	2	3	4	5	6	7

둘째, 평가점수가 책정되는 근거가 부족하기에, 같은 상사가 여러 부하 직원을 평가하는 과정에서 일관되지 않은 기준이 적용되는 경우가 있다. 많은 조직에서 활용하고 있는 평정척도법(rating scale)은 고과대상의 특성이나 직무행동을 '평가요소'와 '점수'라는 두 가지 기준에 의하여 단순하게 평가하는 방식이다. 만들기 쉽고 평가자체도 힘들지 않기에 널리 쓰이고

[표 7-1] **목표관리법(MBO)의 평가지(worksheet) 예시[12]**

경영전략 실장 : 상무 최중락	평가 대상	고준희(경영전략실 인사팀 주임)	<경과리뷰> 1st ______ 2nd ______ 3rd ______
인사팀장 : 부장 송중기	날짜	2016.03.02.	

주요 직무 목적	근무 시간	측정지표	성과 기준	결과		일정	
				목표	실제	목표	실제
1. 제품 배달	25%	a. 정시 배달 비율 b. 월별 주문 대비 고객 불평 비율	94% 4%	94% 3%		08/31 09/30	
2. 제품 품질	30%	a. 총 월별 판매량 대비 반품 비율 b. 월별 생산시간 대비 정비시간 c. 보증기간 중 무상서비스 숫자	6% 7% 73%	4% 4% 86%		07/31 09/30 10/31	
3. 운영 효율성	25%	a. 월별 산출량 대비 비용 b. 월별 장비 가동률	\$35/kg 86%	\$36/kg 95%		02/01 11/15	
4. 기타 주요 목적	20%						

출처 : Dreher & Dougherty(2001), 수정인용

있지만, 척도에 점수를 부여하는 계량화 과정에서 후광효과나 항상오류 등의 문제가 등장할 여지가 있어 신뢰성 측면에서의 약점이 있다. 즉 비슷한 정도로 성실한 부하직원에 대해서 조금 깐깐한 상사는 점수를 짜게 주는 반면, 조금 관대한 상사는 점수를 잘 줄 수 있는 것이다. 이처럼 누가 평가하는지에 따라 그 결과가 달라지는 문제를 방지하기 위해서 행위기준고과법(BARS, Behaviorally Anchored Rating Scale)의 도입을 검토할 수 있겠다. BARS는 평가대상이 되는 직무에 직접적으로 적용되는 여러 행동양식들을 문장으로 바꾸어 점수를 부여한 다음 평가자가 선택하게끔 하는 평가방식이다[13].

[그림 7-7] 행위기준고과법(BARS)의 예

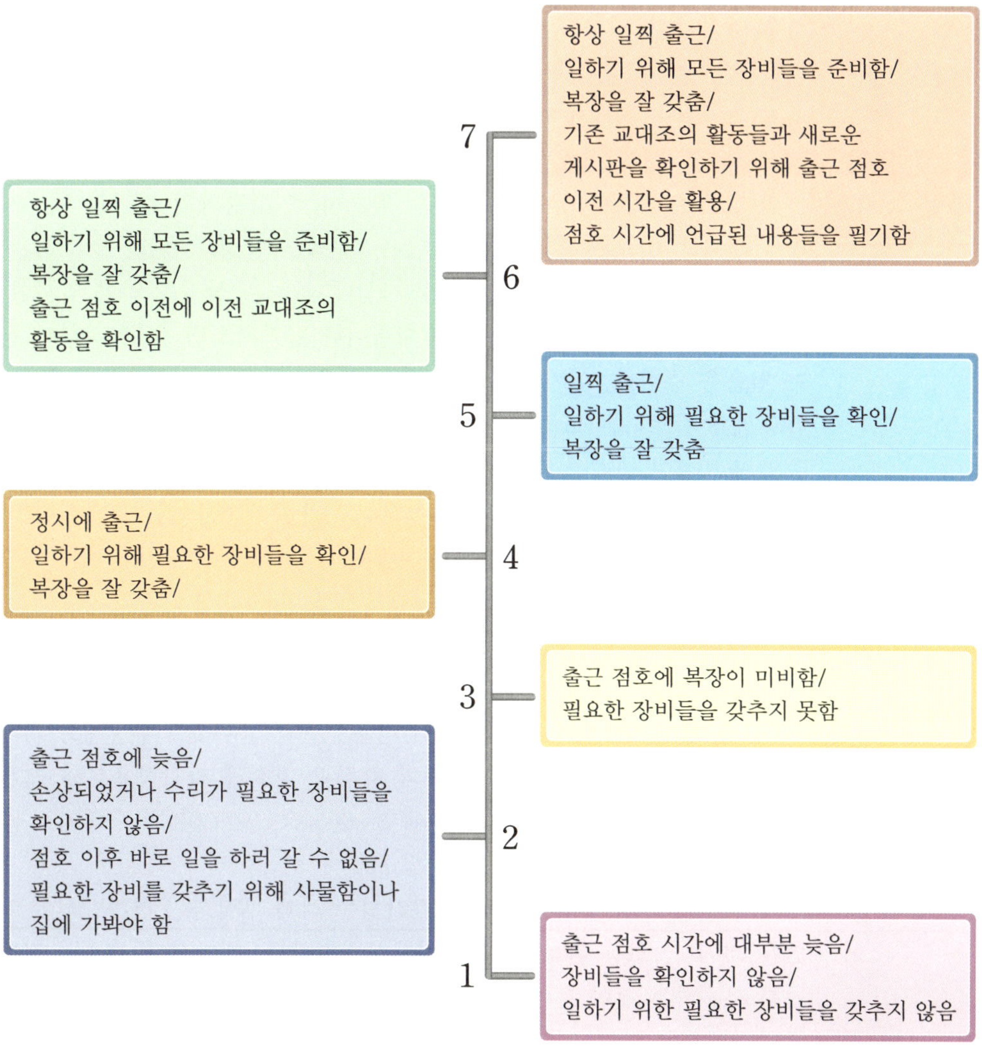

출처 : Noe et al.(2012). 수정인용

[그림 7-7]에서 확인할 수 있듯이 조직성과에 관련된 구성원들의 여러 행동방식을 찾아낸 다음 이들을 각각 중요도 순으로 나열하여 점수를 부여한다. BARS에서는 피평가자의 구체적 업무관련 행동을 측정하므로 평가의 객관성과 공정성을 높일 수 있고 평가의 대상이 행동이라는 점에서 항상오류 등으로부터 자유롭기 때문에 평가의 신뢰성도 제고할 수 있다.

2. 타당성의 측면 : 상대평가와 절대평가, 무엇을 사용할 것인가?[14)]

지금까지 인사평가를 상사에 의하여 이루어지는 부하직원 또는 부서나 팀에 대한 체계적 판단으로 정의하고 살펴보았는데, 사실 이러한 판단에는 두 가지 목적이 있다[15)].

관리적 목적
인재발굴, 인사기능의 타당성 검토, 인력감축의 근거 제공 등

하나는 **관리적 목적**(administrative/evaluating purpose)이다. 이는 평가대상인 구성원이나 팀중에 누가 더 상대적으로 높은 가치를 가지는지를 결정하는 목적이다. 이러한 가치결정의 과정을 통해 조직은 적합한 능력을 갖춘 인재를 발굴하여 적재적소에 배치할 수 있으며, 인사평가의 결과와 채용시험 및 승진과의 비교를 통해서 이들 인사기능의 타당성을 측정 · 검토하는 데도 사용할 수 있다. 예를 들어 선발시험에서 높은 성적을 얻어 입사한 직원의 인사고과 점수가 낮다면 선발시험이나 평가시스템 둘 중 하나에 문제가 있음을 뜻한다. 이처럼 평가관리는 제대로 수행될 경우 타 인사기능의 타당성을 검토하는 도구로 사용할 수 있다. 그 밖에도 인사평가는 인력감축의 필요성이 제기될 때 그 기준근거로서 활용될 수도 있다.

개발적 목적
업무방향 제시, 교육훈련의 근거 제공, 코칭과 경력개발

또 다른 목적은 **개발적 목적**(developmental purpose)이다. 이는 평가대상의 능력개발에 필요한 요소나 항목들을 파악하는 목적이다. 실제로 인사평가는 구성원의 능력개발에 다양한 방식으로 기여한다. 우선 조직구성원들은 평가와 그 피드백의 과정을 통해 업무의 방향을 명확히 알 수 있다. 또한 평가결과를 통해 장기적인 인력개발과 교육훈련에 필요한 양적 · 질적 자료를 제공받을 수 있으며, 구성원들의 의욕향상과 업무태도 향상에도 기여한다. 그리고 평가결과 상사는 부하의 강점과 약점을 파악함으로써 그들에 대한 코칭활동과 경력개발계획(career development plan, CDP)[16)] 수립에도 기여한다.

평가에 두 가지 목적이 있다면 각각의 목적에 부합하는 평가방식이 따로 있을 것이다. 보통 관리적 목적에는 상대평가를, 개발적 목적에는 절대평가를 사용하는 것이 논리적이다.

상대평가는 평가대상을 서로 견주는 비교접근(comparative approach)을 사용하며, 한 개인의 고과를 다른 사람의 그것과 비교를 통해 파악하는 방법을

뜻한다. 구체적으로는 강제할당법(forced distribution method)이 그 예가 된다. 이는 개인이나 팀의 성과를 사전에 설정된 가이드라인(예 : 정규분포)을 활용하여 평가하는 방법이다. 상대평가는 항상오류를 원천적으로 방지하며 상위자의 선별에 용이하다는 장점이 있다. 따라서 승진대상자의 선정, 퇴출대상자의 선정, 파격적 성과급을 받을 사람의 선정 등 전체 구성원 중 일부를 골라내는 목적 하에서 그 유용성이 크다. 하지만 상대평가를 실시하는 경우에는 구성원의 실력 수준을 정확히 알기 어렵고 저성과자에게 피드백을 주기 위한 평가의 구체성이 결여된다는 문제점을 가진다. 내가 A등급에 해당된다는 것을 알더라도 내가 왜 A등급인지, S등급이 되려면 무엇을 해야 하는지 평가결과로부터 알 수 없다. 내가 저성과자라면 전체 평가대상 중 몇 등 정도의 저성과자인지는 알 수 있더라도 내가 앞으로의 역량 향상을 위해 무엇을 해야 할 지 알 수가 없다.

강제할당법에서는 최고성과와 최저성과 사이를 몇 개의 구간으로 나눈 뒤, 구간별 정규분포곡선의 면적 비율에 따라 평가대상들을 할당한다.

절대평가는 상대적 비교가 아니라 각 개인의 성과나 역량 자체를 평가하여 관리하는 방식이다. 구체적으로는 평가자가 개인이나 팀의 업적이나 역량이 일정한 수준 · 기준을 충족시키는 정도에 따라 점수나 등급을 부여하게 된다. 앞서 살펴본 평정척도법, 행위기준고과법(BARS), 목표관리법(MBO) 등이 절대평가에 해당하는 기법들이다. 예를 들어 BARS 하에서는 앞서 살펴본 [그림 7-7]에서 평가대상자가 평소 '정시에 출근하고 일하기 위해 필요한 장비를 잘 확인하며 복장을 잘 갖출 경우'에는 4점을 부여하면 된다. 다른 사람과 비교할 필요가 없이 평가대상자와 평가기준을 비교하면 되는 것이다. 따라서 절대평가 하에서는 좋은 평가점수를 획득하기 위하여 구성원간 치열하게 경쟁할 필요가 상대평가를 실시할 때보다 적다. 왜냐하면 누구나 사전에 설정된 일정한 평가기준만 충족시키면 좋은 점수를 받을

상대평가에서는 피평가자끼리의 비교를 통해 평가결과가 도출되지만, 절대평가에서는 피평가자의 여러 측면들과 평가기준을 비교하여 평가결과를 도출한다.

[그림 7-8] **정규분포를 활용한 강제할당법**

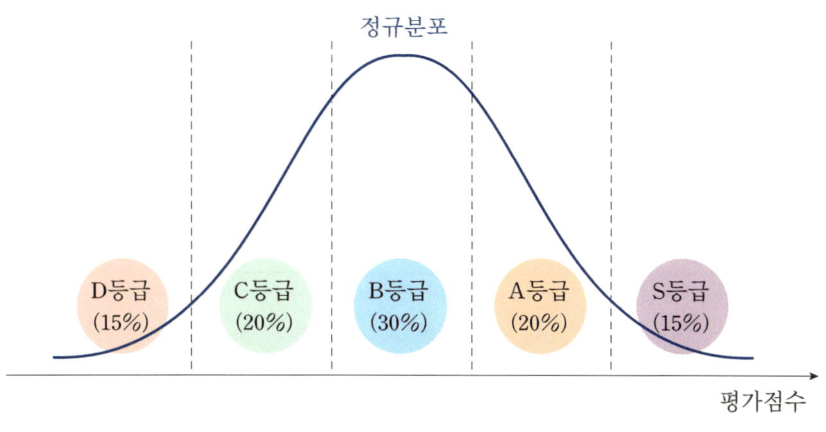

수 있기 때문이다. 그러나 절대평가에서는 평가기준의 객관성이 낮을 경우 오히려 평가가 자의적으로 이루어진다는 구성원들의 불만이 생길 수 있으며, 승진대상자 등을 선별하는 과정에서 사용하기에는 부적절하다는 단점도 있다.

3. 수용성의 측면 : 공개형 고과[17)]

어느 한 공공기관에 다니는 사람이 전해준 이야기를 소개한다.

> 이 조직은 최근 젊은이들이 선호하는 금융계열 공공기관으로서 직원들 모두가 강한 자부심을 갖고 일을 하고 있다. 그러나 이 조직에는 남모를 고민이 있는데, 바로 구성원들이 평가에 대하여 매우 낮은 수준의 만족도를 보이는 것이다. 즉 평가결과에 대한 구성원들의 수용성이 낮은 편이다. 조직구성원 상당수가 명문대학을 졸업한 엘리트층이고 경쟁에 대한 거부감이 덜한 편이라 모두들 열심히 일하는데도, 평가결과를 그 누구도 알 수 없다고 한다. 오직 다음 년도의 승진대상자가 발표되거나 성과급을 받는 날에 누가 좋은 평가를 받은 사람인지 간접적이고 사후적으로 알 수 있을 뿐이다.

사실 이 사례는 이 공공기관만의 문제는 아니다. 민간기업을 포함한 우리나라의 상당수 조직체에서는 평가결과를 여러 가지 이유로 공개하지 않는 경우가 많다. 조직문화에 해가 된다, 상사가 자유롭게 평가를 할 수가 없다, 심지어는 평가결과는 모르는 것이 약이다 등등의 많은 이유들이 평가결과 비공개의 논거로 등장한다. 이는 인사고과의 주된 목적이 상과 벌의 결정에 있었기 때문이다.

그러나 인사고과의 개발지향적 경향이 강화되는 추세에 따라 고과 결과를 해당 구성원에게 공개하는 조직이 점차 늘어나고 있다. 공개형 고과가 실시되는 경우 구성원의 수용성이 증가할 수 있다. 고과자의 평가결과를 공개하면 고과자의 오류를 사전에 예방하고 평가에 임하는 태도를 시정하는 효과가 있다. 고과결과를 공개하는 동시에 이의를 제기하는 절차를 마련하면 평가수용성을 더욱 높일 수 있을 것이다. 이를 위해 **다면평가**를 활용하는 것도 한 가지 대안이 된다. 다면평가는 상사를 포함한 본인과 동료, 하급자(부하)와 외부이해관계자(고객이나 공급자 등)에 의해서 이루어지는 평가 및 피드백을 총칭한다. 엄밀히 말하면 다면평가는 임금이나 선발 및 승진에 활용되는 평가제도라고 하기보다는 피고과자에게 여러 평가주체로부터의 피드백을 줌으로써 인적자원의 개발을 꾀하려는 목적에서 등

다면평가의 구성 항목
① 상사의 평가
② 동료의 평가
③ 부하의 평가
④ 고객의 평가

장한 제도이다. 우리 모두는 우리와 관련을 맺고 있는 조직내 여러 구성원들에게 각기 다른 모습으로 비칠 수 있다. 예를 들어 상사에게는 좋은 부하이지만 정작 나의 부하들에게는 내가 가혹한 상사로 여겨질 수도 있는 것이다. 다면평가는 이렇게 여러 평가주체들에게 피평가자가 어떻게 보이는지를 다각도로 확인시킬 수 있는 방법이므로 인적자원의 개발과 교육 및 자아성찰에 큰 도움이 된다.

1) 배종석(2012), 『인적자원론』(제2판), 서울 : 홍문사, p.223.
2) Taylor, F. W. (1911). *The principles of scientific management*, New York, NY : Harper & Brothers.
3) *e*-나라지표(http://www.index.go.kr/potal/main/EachDtlPageDetail.do?idx_cd=2896)
4) Noe, R. A., Hollenbeck, J. R., Gerhart, B., & Wright, P. M. (2012). *Human resource management : Gaining a competitive advantage*. (8th ed.). New York, NY : McGraw-Hill/Irwin.
5) 여기서 사회적 정당성이란 사회구성원 다수로부터 어떤 행동이나 제도가 옳다고 인정과 지지를 획득하는 것을 의미한다.
6) 박경규(2016), 『신인사관리』(제6판), 서울 : 홍문사
유민봉 · 임도빈(2016), 『인사행정론 : 정부경쟁력의 관점에서』(제4판), 서울 : 박영사
7) 김영재 · 김성국 · 김강식(2015), 『신인적자원관리』(제3판), 서울 : 탑북스
8) 박경규, 전게서
9) 기본적으로 개인은 조직에 기여한 만큼의 반대급부를 기대하게 된다. 반대급부의 대표적 내용이 바로 승진과 보상인데, 이 두 가지는 모두 평가결과에 따라 그 크기가 정해진다.
10) 김성수(2006), 『전략적 인적자원관리』, 서울 : 서울대학교출판부
11) 최종태(2000), 『현대인사관리론』(전정판), 서울 : 박영사, pp.785~786.
12) Dreher, G. F., & Dougherty, T. W. (2001). *Human resource strategy : A behavioral perspective for the general manager*. New York, NY : McGraw-Hill.
13) Noe et al., *Op Cit*.
14) 최종태, 전게서; 김영재 등, 전게서; 박경규, 전게서
임창희(2014), 『인적자원관리』(제3판), 서울 : 비앤엠북스
15) 배종석, 전게서
16) CDP는 조직이 구성원의 활용계획을 수립하는 과정에서 구성원 개인의 성장욕구를 어느 정도 반영하여 경력을 설계해주는 과정을 뜻한다.
17) 임창희, 전게서; 김영재 등, 전게서; 박경규, 전게서; 최종태; 전게서

CHAPTER 8
승진과 보상

CHAPTER 8

Ⅰ. 조직과 나의 계약관계

FUNDAMENTALS OF MANAGEMENT

1. 고용관계의 의미

표준근로계약서

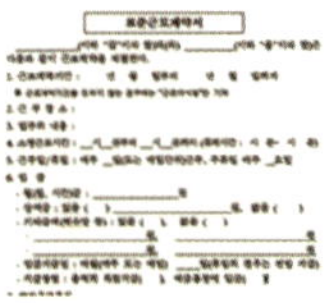

대부분 사람들은 조직에 입사할 때 소위 근로계약서 등의 문서를 작성한다. 여기에는 근로시간, 근무장소, 업무의 내용, 휴일, 임금, 휴가 등의 여러 항목들이 포함되어 있으므로 구성원은 자신이 근무할 조직에서 대략 어떤 조건하에서 업무를 수행하면 되는지 예상할 수 있다. 이 과정에서 주목할 만한 것은 "계약"이라는 용어이다. 우리는 법에 의해 규정된 근로계약서를 작성하기에 법적인 권리와 의무를 갖게 된다. 고용관계(employment relations)[1] 는 이처럼 법적인 관계로부터 출발한다. 그러나 사실 고용계약은 이처럼 법적인 권리와 의무만을 포함하는 것은 아니다. 다음의 사례를 살펴보자.

(A) 국내 최고의 M그룹에 입사한 재석씨는 입사 1년차 신참직원이다. 최고의 회사라는 명성답게 급여나 복지수준이 높을 뿐만 아니라 눈에 보이지 않는 각종 혜택들이 많다. 회사 내에 수영장과 헬스클럽이 있어 언제든 운동을 할 수 있고, 임직원 전용 건강센터가 있어 간단한 진단이나 처방을 받을 수 있다. 사내식당은 외국계 H호텔 출신 주방장이 매일 매일 새로운 메인메뉴를 제공한다. 반강제적인 회식문화나 음주문화도 없어 술을 못 먹는 재석씨에게는 그야말로 딱 맞는 직장이다. 그러나 뭐니뭐니해도 가장 재석씨 마음에 드는 것은 바로 눈치보지 않는 조직문화이다. 퇴근시간에 상사보다 먼저 나가도 상관이 없다. 휴가날짜도 미리미리 잡을 수 있어 황급히 항공권이나 숙박시설을 예약하느라 휴가비를 낭비할 필요가 없다. 또한 이 회사는 웬만한 문제점이 있지 않고서는 직원들을 해고하지도 않는다.

(B) M그룹의 최대 경쟁사인 K그룹에 입사한 명수씨는 재석씨의 친구로서 그 역시 입사 1년차 신참직원이다. 재계서열에서 K그룹과 M그룹은 서로 1위 자리를 다투는 경쟁사이므로 K그룹의 급여나 복지수준은 M그룹 못지않게 제공된다. 회사 내 시설이나 식당 역시 수준급이다. 이처럼 겉으로 보이는 측면에서는 M그룹이나 K그룹이나 별반 차이가 없기에 명수씨는 출퇴근이 보다 편리하고 비전이 있어보이는 K그룹에 입사한 것이다. 그러나 K그룹은 성과에 대한 압박을 구성원에게 많이 주는 편이라는 사실을 명수씨는 깨닫게 되었다. 부서별로, 그리고 개인별로 세분화된 성과목표가 주어지고 이를 달성하기 위해 매우 경쟁적인 조직문화가 뿌리내려져 있다. 서로 열심히 일하는 것을 당연하게 여기므로 일찍 퇴근하기가 눈치보인다. 휴가계획을 미리 세우는 것은 불가능에 가깝다. 또한 성과가 수년째 정체될 경우 스스로 사표를 써야 한다.

앞의 두 사례로부터 알 수 있는 사실은 고용관계가 법적인 측면과 법 외적인 측면으로 나뉜다는 것이다. 눈에 보이지는 않지만 조직문화, 성과를 내게끔 독려하는 방식, 휴가에 대한 인식, 고용에 대한 회사측의 책임감 등 고용관계는 이러한 여러 측면들을 모두 포함하는 개념이 된다. 보다 간단히 설명하자면 고용관계는 조직과 구성원간의 교환관계라 할 수 있다. **버나드**(Barnard)에 따르면 구성원이 조직을 떠나지 않고 계속 공헌하려는 의사를 가지고 있으며, 조직도 구성원의 공헌에 상응하는 반대급부를 제공할 때 비로소 조직은 존속할 수 있으며 고용관계 역시 유지된다[2].

버나드
(Barnard, C.)

2. 조직과 구성원의 교환관계

고용관계는 조직과 구성원간의 사회적 교환(social exchange)이다. 사회적 교환이란 둘 이상의 당사자가 이익이나 비용을 유발하는 유 · 무형의 대상을 서로 주고받는 일련의 과정으로 정의된다[3]. 구성원은 자신의 개인적 시간 중 일부를 떼어내어 조직을 위한 업무수행에 이바지한다. 이는 구성원 입장에서는 비용을 감수한 희생을 한 것이다. 조직은 그 희생의 대가로 구성원이 들인 비용에 상응하는 보상을 제공한다. 즉 사회적 교환으로서의 고용관계는 비용과 편익을 서로 주고받는 것이다[4].

구성원의 비용 : 시간과 노력의 희생 = 조직의 이익
조직의 비용 : 보상과 혜택의 제공 = 구성원의 이익

[그림 **8-1**]을 보면서 고용관계를 보다 심층적으로 분석해보자. 구성원이 조직에 기여하는 바, 즉 공헌(contribution)의 내용에는 근로계약에서 명시된 업무수행 뿐만이 아니라 상사의 지시에 잘 따르고 동료 작업자들과 원만한 인간관계를 유지하며 개인적 욕심보다 공적인 가치를 때로는 앞세울 수 있는 자세와 태도, 그리고 조직에 대한 긍정적 인식 등이 모두 포함되어 있다. 조직이 구성원에게 제공하는 반대급부(benefit)는 심리적 측면의 대가인 신분과 거래적 측면의 대가인 보상으로 구성된다. 신분에는 승진, 좋은 직무로의 배치, 경력의 체계적 관리, 교육훈련, 보람찬 직무 등이 포함되며, 보상에는 노동의 투입량과 직접적 관련이 있는 임금, 노동투입보다 조직구성원으로서의 자격에 의해 주어지는 복지후생 등이 포함된다.

총보상의 구성요소
① 임금과 복지후생
② 교육훈련, 승진, 경력관리
③ 좋은 특성을 가진 직무
④ 심리적 소속감
⑤ 근무환경 등

경우에 따라서는 구성원이 공헌의 대가로 수령하는 신분과 보상을 모두 합쳐서 **총보상**(total compensation)이라 부르기도 한다. 이때의 총보상은 거래적 측면의 임금 및 복지후생과 신분적 측면의 승진, 배치전환, 경력관리,

[그림 8-1] 공헌과 대가의 관계

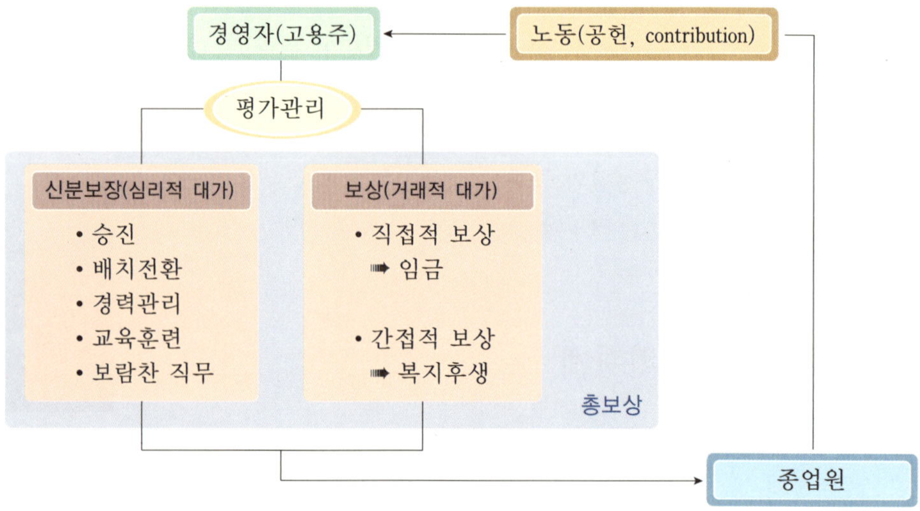

교육훈련, 직무 등을 모두 포함하는 개념이 된다.

3. 심리적 계약이란 무엇인가?

루소
(Rousseau, D. M.)

루소(Rousseau)에 의해 체계화된 개념인 심리적 계약(psychological contract)이란 교환관계 속의 누군가가 자신의 공헌에 상응하여 상대방으로부터 무엇을 대가로 받을 수 있을 것인지를 예상하는 일종의 믿음이다[5]. 상사의 지시로 밤샘작업을 한 직원이라면 응당 다음날 오전에는 휴식을 취할 수 있도록 상사가 배려해 줄 것이라 예상할 수 있다. 프로젝트 마감기한이 코앞으로 다가왔다면 상사는 부하직원들이 자발적으로 야근을 해 줄 것이라 생각할 것이다. 이런 것이 심리적 계약의 전형적 예이다.

심리적 계약의 유형을 크게 다음의 둘로 나누어 설명할 수 있다[6].

- 포괄적 계약 : 이는 계약 관계가 거래적 측면과 심리적 측면 모두를 포함한 개인의 삶 전반에 걸쳐 형성되는 것으로서, 우리나라의 전통적 고용관계가 이에 해당한다고 볼 수 있다. 조직이 개인의 경조사를 챙겨주는 대신 개인도 저녁이나 주말에 자발적인 추가근무를 할 수 있는 것과 같은 관계를 의미한다.
- 제한적 계약 : 이는 주로 특정 영역(주로 거래적 측면)에 국한된 계약으로서, 우리나라의 최근 고용관계가 이에 해당한다고 볼 수 있다. 여기

서는 종업원의 노동력 제공에 대하여 경영자가 보상(compensation)으로 갚는 것과 같은 관계를 의미한다. 초과근무 시에는 정확히 그에 합당한 수당을 계산하여 지급하는 것이 그 예이다.

고용관계의 두 당사자인 구성원과 조직은 모두 서로에 대하여 일정한 정도의 심리적 계약을 형성하고 있다. 심리적 계약은 근로계약과 같이 명시적(explicit)이지 않으며 오히려 묵시적(tacit)이고 정서적인 측면을 많이 포함하고 있다. 예를 들어 본 장의 첫 부분에서 언급한 M그룹과 K그룹의 사례에서 확인했듯이 두 회사는 근로계약의 측면에서는 유사하지만 심리적 계약의 내용이 서로 다르다고 볼 수 있다. M그룹의 직원들은 K그룹의 직원들에 비해 회사에 대하여 보다 강한 심리적 계약을 갖고 있다고 볼 수 있다. 폭넓은 혜택과 높은 수준의 임금뿐만이 아니라 회사와의 고용관계가 지속될 것으로 예상되는 기간이 길기 때문이다. 이처럼 강한 심리적 계약이 형성되어 있다면 구성원들이 조직에 몰입하고 충성할 가능성이 커진다. 이하에서는 심리적 계약을 보다 견고히 맺어가기 위하여 조직이 구성원들에게 제공하는 대표적 급부인 승진과 임금에 대하여 살펴본다.

반대로 심리적 계약 위반(psychological contract breach)이 발생한다면 구성원들의 몰입도와 충성도는 낮아질 것이다. 갑작스런 구조조정 등이 그 예이다.

II. 승진과 경력

FUNDAMENTALS OF MANAGEMENT

CHAPTER 8

1. 승진의 의미

샤인(Schein)은 미국의 MIT 경영대학원생들의 졸업 후 경력(career) 변동사항을 추적하였다. 그 결과 마치 배가 항구에 정박할 때 닻을 내리듯이 각각의 사람들도 인생에 있어 일종의 지향점을 가진다는 점을 발견하였다. 이렇게 개인이 일생동안 추구하고 지향하는 경력에의 욕구를 경력닻(career anchor)이라 하며[7], 이러한 경력지향은 주로 유년기에 형성된 삶에 대한 태도에서 비롯된다. 여러 연구에 의해 발견된 8가지 경력닻의 내용은 다음과 같다[8].

샤인(Schein, E.)

- 관리지향 : 이는 일반관리자, 즉 조직의 상급자가 되기를 희망하는 경력욕구로서 문제의 인지 및 분석능력이 뛰어나고 대인적 능력이 탁월한 사람이 이에 해당하는 경우가 많다.

- 전문능력 지향 : 이는 특정 유형의 작업에 강한 재능과 동기유인을 가지고 있으며 직무 내용 그 자체에 큰 관심을 보이는 경력욕구이다. 연구소나 개발부서에서 일하는 사람들이 이에 해당한다.
- 안전지향 : 이 유형에 속하는 사람들은 직업안정과 고용안정에 대하여 큰 욕구를 가지는 경우가 많다. 따라서 조직에 대한 몰입도와 충성심이 강하고 조직가치와 규범에 대한 순응 정도가 크다. 관료들의 상당수가 이에 해당한다.
- 사업가적 창의성 지향 : 이는 신규조직이나 신제품의 창출을 희망하는 경력욕구를 뜻한다. 부의 축적에 대한 강한 열망, 도전정신, 소유권 등을 그 특징으로 한다. 창업형 기업가가 이에 해당한다.
- 자율지향 : 이 유형에 속하는 사람들은 업무방식, 시간, 근무장소 등의 재량이 큰 직무를 선호한다. 프리랜서, 작가, 예술가 등이 이에 해당한다.
- 봉사지향 : 이 유형에 속하는 사람들은 자신이 가진 특정의 중요한 가치를 기준으로 직무를 평가한다. 보상 그 자체보다는 자신의 이상을 보다 자유롭게 펼칠 수 있는 위치로의 이동이나 승진을 더욱 선호한다.
- 도전지향 : 이 유형에 속하는 사람들은 어렵고 도전적인 문제의 해결 기회가 많이 주어지는 직무를 선호하고, 일상의 업무를 전투라 생각하여 승리를 최대의 목표로 삼는다. 운동선수 등이 이에 해당한다.
- 라이프스타일 지향 : 이는 경력이 자신의 전체적인 생활스타일과 잘 혼합되어야 한다고 주장하는 유형으로서 개인사, 가족생활, 경력 모두를 잘 통합할 수 있는 방법을 찾는 것을 중시한다. 주로 경력설정에 있어서 가족의 의견을 중시한다.

여기서 인생의 목표가 관리자가 되는 것이거나 또는 조직을 위하여 자신의 능력을 발휘하는 봉사정신을 가진 사람들은 높은 자리로의 이동, 즉 승진을 선호하게 될 것이다. 일반적으로 **승진**(promotion)은 조직 내 개인이 현재 수행하는 것보다 '더 나은 직무'로 이동하는 과정을 의미한다. 여기서 보다 나은 직무란 과거보다 권한 및 책임의 크기가 증가하거나(직무내용의 변화) 임금 및 지위 등이 증가하는(총보상의 변화) 경우를 모두 포함한다[9]. 승진을 통해 우리는 조직에서 '보다 높은 자리'로 올라감으로써 자기 자신, 가족 및 주위 사람들로부터 인정을 받는 동시에 체면을 유지할 수 있으며, 개인적으로 활용할 수 있는 권력(power)의 크기 역시 키울 수 있다. 또한 대부분의 승진은 보상의 증가를 수반하기에 생활의 질을 높일 수 있는 기회를 제공받을 수 있으며, 보다 도전적이고 수준 높은 직무를 수행하는 과정에서 잠재능력을 발휘할 수 있는 기회를 부여받기 때문에 승진은 성장욕구의 충족과 자아실현 역시 가능하게 한다.

2. 승진결정의 원리

승진은 크게 연공주의와 능력주의 기준에 의하여 결정된다. 이들 기준은 비단 승진제도뿐만 아니라 인사관리 전반에 걸쳐 판단의 기준 역할을 한다[10].

1) 연공주의

이는 개인이 조직에 공헌한 기간(근속기간)이나 연령 또는 학력 등을 승진의 판단 기준으로 삼는 것이다. 전통적 인사관리에서 주로 적용되는 원칙이며, 동양적인 관점과 잘 부합한다. 우리나라에서는 연공의 제 측면 가운데 특히 학력별 근속기간이 중시되는 경향이 있는데, 이는 연령과 학력에 따른 서열화가 장유유서(長幼有序)의 유교적 가치관이 지배적인 한국적 조직문화 하에서 조직 내 질서유지에 유리한 경향이 있기 때문이다. 뿐만 아니라 연공과 개인의 업무숙련도가 비례한다는 가정, 능력을 객관적으로 평가하는 시스템의 미흡 등의 이유로 인하여 연공주의는 한국의 대표적 승진기준으로 자리잡고 있다.

숙련수준과 연공과의 관계는 직무에 따라 다소 차이가 있겠지만, 처음 몇 년 동안은 근속연수가 능력, 기능 또는 업적수준과 상당히 높은 수준의 상관관계를 보일 것이라 예상할 수 있다. 하지만 어느 시기가 지나면 연공의 증가에 따른 각종 역량변수들의 증가속도가 서서히 감소할 것이며 어떤 경우에는 매너리즘의 증가 또는 신기술의 변화를 구성원이 따라가지 못하는 문제 등으로 인하여 오히려 연공은 증가하지만 역량이나 성과는 감소할 수도 있다. 따라서 해당 직급에서 근속연수와 역량신장간의 관계가 비교적 정비례에 가까운 시기(**표준연수**)에 주로 연공주의를 활용하는 것이 권장된다. 그 이후의 시기에는 능력과 성과를 비교적 합리적으로 판단하여 승진을 실시해야 할 것이다.

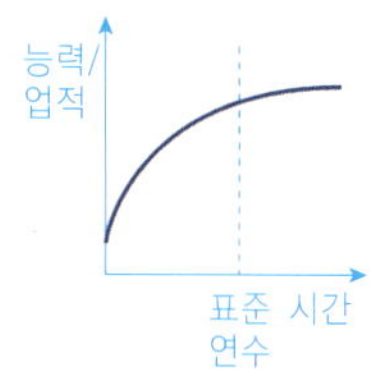

2) 능력주의

이는 개인의 직무수행역량을 판단 기준으로 삼는 것이다. 현대적 인사관리에서 주로 적용되는 원칙이며, 서구적인 관점과 잘 부합한다. 최근 세계화로 인해 이미 능력주의를 도입하고 있는 선진국과의 경쟁에서 현재의 연공주의가 효율적이지 못하다는 인식이 확산됨에 따라 우리나라에서도 점차 능력주의 승진기준의 도입이 증가하고 있는 추세이다. 능력주의의 실천을 위해서는 제7장에서 살펴본 바와 같이 오류가 적은 평가기법이 널리 확산되어야 하며, 구성원의 능력이 부족할 경우 이를 신장시켜주기 위한 교육훈련 시스템의 구축 역시 요청된다.

능력주의에 입각한 승진과 보상제도로 직능자격제도를 꼽을 수 있다. 이는 종업원이 갖추고 있는 직무수행능력(직능 또는 역량)을 기준으로 승진과 보상을 결정하는 제도이다. 각 직종(예 : 관리직, 생산직, 사무직 등)별로 직무수행에 필요한 핵심역량을 분류하고 이를 등급화하여 승진 및 임금의 결정에 활용하며, 구성원의 역량등급과 직책등급(직급 또는 계급)을 따로 분리하여 운영하는 특징을 가진다. 즉 한 개인이 충분한 기간 동안의 업무수행을 통해서 보다 중요한 직무를 담당할 수 있는 능력과 역량이 갖추어졌음에도 불구하고 자리가 부족해서 직책상의 승진이 어려울 때, 조직이 부여하는 구성원의 역량등급을 상향조정하여 임금을 상승시킴으로서(자격승진) 조직에 대한 불만을 방지할 수 있다[11].

예를 들어 [그림 8-2]에서 6등급의 역량을 갖춘 차장급 직원을 같은 6등급의 부장으로 직급승진을 실시하거나, 7등급의 차장으로 자격승진을 실시한다.

[그림 8-2] 역량등급과 직급 간의 관계(관리직종의 예)

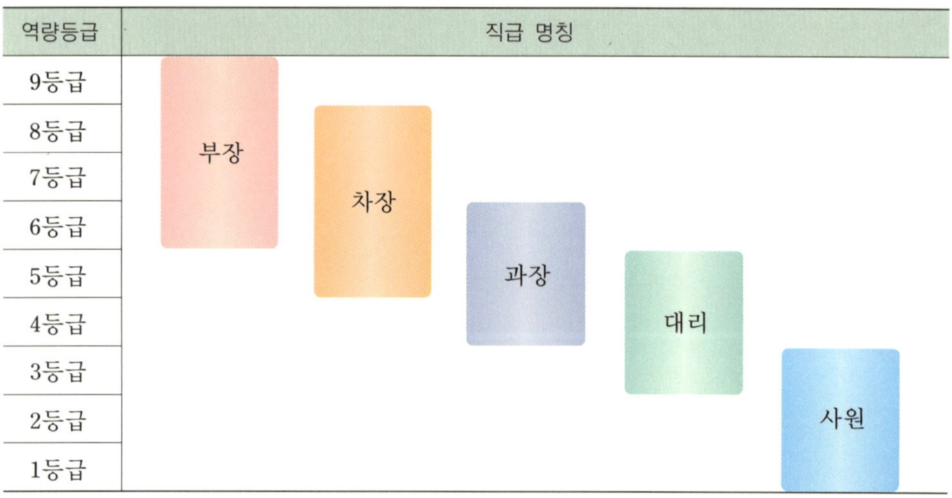

출처 : 박경규(2010), p.369

Ⅲ. 임금결정의 원리

FUNDAMENTALS OF MANAGEMENT

CHAPTER 8

1. 임금의 개념과 공정성

1) 임금의 의미

임금(pay, salary or wage)은 구성원이 조직에 제공한 노동에 대한 금전적 대가이자 직접적 보수이다. 임금은 생산성에 가장 큰 영향을 미치는 요소[12]로 알려져 있으며, 조직이 생산하는 재화나 용역에 대한 제조원가 상당부분을 차지하고 있어 해당 재화나 용역이 시장에서 얼마만큼의 경쟁력을 가지는지를 결정하는 주요 요소가 된다. 또한 임금은 우수한 인적자원을 확보하는 데 결정적 역할을 수행할 뿐만 아니라, 구성원의 생리적 · 안전 · 존경 욕구를 충족하고 삶의 질(quality of life)을 유지 · 향상시키기 위해서도 필요하다.

- Salary : 화이트칼라의 임금
- Wage : 블루칼라의 임금
- Pay : Salary와 Wage의 의미 포함

2) 임금결정의 원리 : 공정성

임금은 공정해야 한다. 임금관리에 있어서 공정성(公正性)이란 노동의 투입에 대한 반대급부로서 구성원과 조직 모두가 동의할 수 있는 정도의 임금대우가 제공됨을 의미한다. 앞서 살펴본 버나드의 표현을 빌리자면 구성원의 공헌과 그에 대한 조직의 보상이 균형을 이루는 것이 공정성이다. 그런데 보상을 어떻게 제공해야 균형이 이루어질까? 이에 대하여 연구한 학자가 **아담스**(Adams)이다. 그는 업무수행의 과정에서 구성원이 투입(input)한 노력과 그에 따른 결과나 보상(output)을 다른 사람과의 비교를 통해 상대적으로 어떻게 파악하는지가 심리적 동기부여에 있어 매우 중요한 과정이라고 생각하였다. 즉 우리에게 중요한 것은 보상의 실제 크기가 아니라 다른 사람에 비해 얼마나 받는가라는 것이다.

아담스
(Adams, J. S.)

사람들은 자신의 투입(노력)과 산출(보상)을 다른 사람의 투입과 산출과 비교한다. 이때 비교결과가 균형을 이룬다면 이 조직에서의 보상시스템은 비교적 공정한 것으로 인식된다. 이때의 비교 대상(준거인물, referent)에는 우리 조직 내의 동료, 상사, 부하직원뿐만 아니라 다른 조직의 사람들, 그리고 과거의 자기 자신까지 포함된다. 만약 준거인물들과의 비교 과정에서 불공정성(inequity)이 느껴진다면, 구성원은 이에 대한 심리적 불편함을 느끼

[그림 8-3] **공정성 이론의 핵심내용**

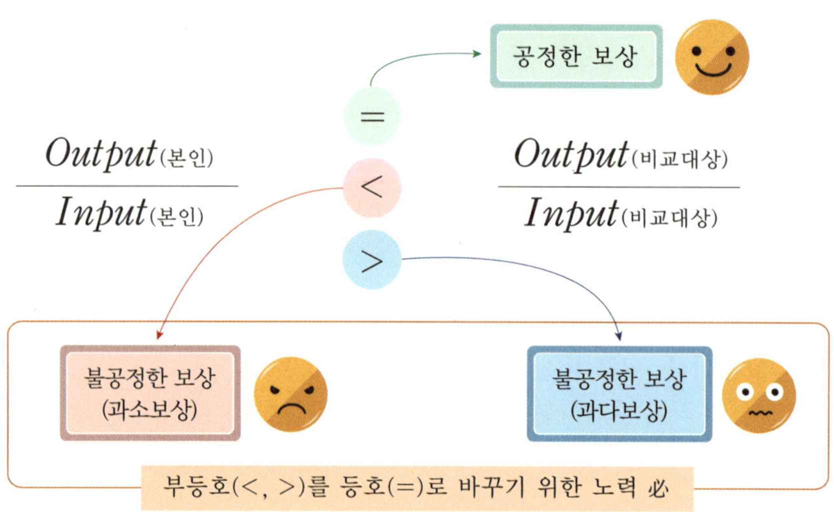

고 이를 줄여 나가기 위한 노력을 기울이게 된다. 이때 아담스는 불공정성이 자신의 비교대상보다 적은 보상을 받을 때 뿐만 아니라 많은 보상을 받을 때도 느껴진다고 지적했다. 이는 정당하지 않은 과잉보상을 받을 때 양심의 가책과 부담을 갖기 때문일 것이다.

2. 임금의 대외적 공정성

아담스의 논지를 따르자면 임금의 공정성 인식에 영향을 주는 요소는 비교대상, 구성원의 노력 투입, 조직의 보상의 세 가지이다. 인사조직론에서는 그 중 비교대상의 측면에서 임금관리론의 구성요소를 나누고 있다.

대외적 공정성
➠ 타 조직과의 비교
➠ 전체적 임금수준의 비교

그 중 **대외적 공정성**(external equity)은 구성원들이 자신들의 임금을 외부조직의 유사한 직무를 수행하는 사람들이 받는 임금액과 비교해서 거의 동일한 수준의 임금을 받는다고 느낄 때의 공정성을 의미한다. 여기서 외부의 다른 조직이란 일반적으로 동종업체나 경쟁적 조직을 말하며, 비교의 내용은 기본급과 인센티브, 복리후생 등을 모두 합친 평균 총액임금이다. (친구들과 대화를 나눌 적에 각자 연봉이 얼마인지 이야기하는 사람은 많지만 임금의 세부적인 구성항목을 비교하는 사람은 많지 않다) 이러한 대외적 공정성은 조직이 양질의 인력을 확보하고 유지하며 제품 및 서비스 시장에서 경쟁우위를 확보하는데 영향을 미치므로 임금수준(pay level)의 관리지침이 된다.

[그림 8-4] 임금수준의 결정

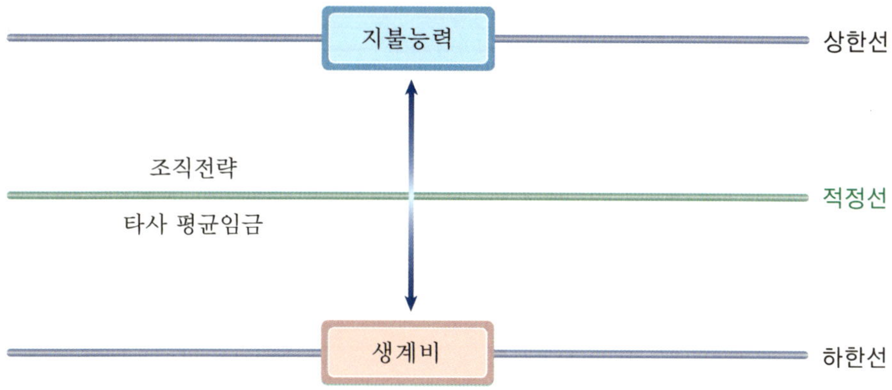

임금수준, 즉 구성원들이 받는 평균 총액임금은 조직의 지불능력, 사회경제적 생계비, 그리고 조직의 전략 등에 따라 달라진다. 지불능력은 노동이라는 생산수단의 구매자인 조직이 지불할 용의가 있는 최대 금액이므로 대개 임금수준의 상한선 설정과 관련이 있다. 지불능력의 결정요인으로는 구성원이 창출하는 생산물이나 부가가치의 크기인 노동생산성, 각종 비용과 수익을 비교하여 파악되는 손익분기점(break even point, BEP) 등이 있다. 생계비는 노동이라는 생산수단의 공급자인 구성원이 스스로의 노동을 판매할 용의가 생기는 최소 금액이므로 대개 임금수준의 하한선 설정과 관련이 있다. 생계비를 산정할 때는 여러 학문분야에서 추론되는 식비, 의복비, 주거비, 기타 생활비 등의 항목들과 구성원의 생애주기, 그리고 정부에서 지정하는 최저임금 등이 고려된다. 임금과 관련한 조직의 전략은 경쟁조직보다 더 많은 임금을 지급하여 유능한 인재를 유치하려는 고임금전략, 비슷한 수준으로 지급하여 현상을 유지하려는 동행전략, 타조직보다 적은 임금을 지급함으로써 원가를 줄이고 비용을 절감하려는 추종전략 등으로 구분된다[13].

아무래도 우리나라에서는 연령대가 올라갈수록 필요한 최저생계비도 상승하는 경향이 있다. 이는 자녀의 양육과 교육에 많은 돈이 들기 때문이다.

3. 임금의 대내적 공정성

임금의 **대내적 공정성**(internal equity)이란 구성원들이 자신들이 받는 임금액을 조직 내의 다른 사람들과 비교할 때 느끼는 공정성을 의미한다. 동일 조직 내에서 상이한 직무를 담당하고 있는 구성원들이 받고 있는 임금과 비교하는 것, 동일한 직무를 담당하고 있는 구성원들간의 연공, 공헌, 능

대내적 공정성
➡ 직무, 연공, 성과, 능력 등의 여러 측면에서의 비교

[그림 8-5] 임금체계의 세부내용

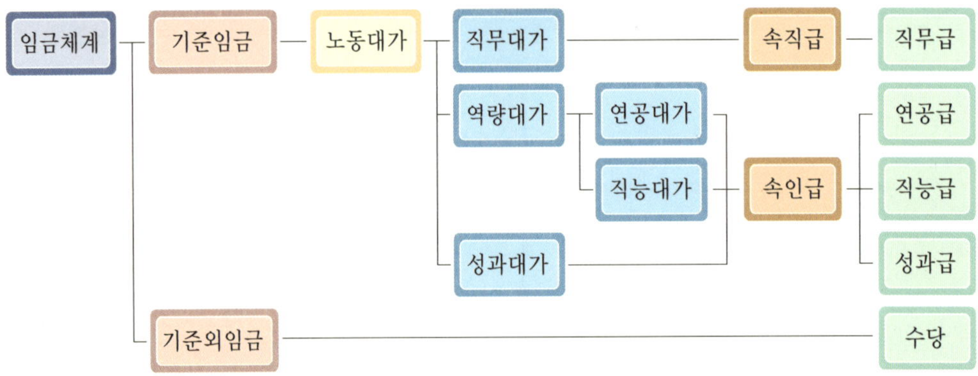

력, 성과수준 등과 같은 개인적 차이에 따른 임금격차 등을 모두 포함하는 개념이다. 대내적 공정성은 개인별 임금의 차이를 결정하는 구체적 항목들에 대한 논의가 되며, 인사조직론에서는 이를 임금체계(pay structure), 즉 임금의 지급항목들과 그 격차를 관리하는데 있어 가장 중요한 요인으로 본다. 이하에서는 임금결정기준에 따른 내용을 살펴본다.

1) 직무가치의 비교 : 직무급

직무급에서는 구성원의 개인적 능력이나 역량보다 직무자체의 가치를 중시한다.

직무급(job-based pay)은 각자가 수행하는 직무의 상대적 가치에 따라 임금이 결정되는 임금체계유형의 하나이다. 이는 동일노동에 대하여 동일임금이 지급되는 임금결정원칙이므로 가장 합리적인 임금체계라 할 수 있다. 직무급의 책정을 위해서는 우선 구성원들이 조직내에서 수행할 직무의 가치를 계량적으로 평가할 필요가 있다. 이를 위해서는 직무가치를 평가할 수 있는 요소를 선정하고([표 8-1]에서 직무지식, 기술수준, 요구경험) 각 요소별 중요도를 가중치의 형태로 부여한다([표 8-1]에서 50%, 30%, 20%). 그 다음에는 평가대상 직무별로 각 요소별 점수를 평가한 다음 이를 가중치에 따라 합산하는 방식으로 직무점수를 산정한다. 각 직무별 점수가 산정된 다음에는 그 점수에 비례하여 임금을 책정한다. [표 8-1]에서 직무 A(직무점수 3.8)를 수행하는 구성원이 매달 380만원의 임금을 받는다면, 직무 B(직무점수 3.6)를 수행하는 구성원은 매달 360만원의 임금을 받게 된다.

직무급은 그 성격상 비인적 요소인 직무의 가치에 따라 임금이 결정된다. 즉 구성원의 능력이나 노력 또는 역량에 상관없이 그가 수행하는 일이 얼마나 조직에서 중요한지에 따라 임금을 결정하는 것이다. 그렇기에 능력

[표 8-1] 직무급의 계산 방법(예시)

평가요소	가중치	1등급	2등급	3등급	4등급
직무지식	50%	5	4	3	2
기술수준	30%	5	4	3	2
요구되는 경험	20%	5	4	3	2
직무별 점수	직무 A = (50%×5) + (30%×3) + (20%×2) = 3.8 직무 B = (50%×4) + (30%×2) + (20%×5) = 3.6				

은 출중하지만 조직측의 오류로 중요하지 않은 업무를 수행하는 구성원의 입장에서는 자신의 가치가 제대로 평가받지 못하고 있다고 생각하게 되어 불만을 품을 가능성이 있다. 따라서 직무급이 구성원의 동기부여에 도움이 되기 위해서는 직무의 가치와 종업원의 능력이 가급적 일치하는 선에서 채용 및 배치전환이 이루어져야 할 것이다.

2) 연공의 비교 : 연공급

연공급에는 학력이 반영됨에 주의할 것.

연공급(seniority-based pay)이란 개인의 학력과 연령 등을 고려하여 근속연수에 따라 임금을 결정하는 임금체계유형의 하나이다. 근속연수(tenure)가 임금결정의 주된 기준이 되므로, 동일한 직무를 수행하거나 유사한 수준의 업적을 쌓았다 하더라도 임금은 학력과 연령 등에 따라 달라질 수 있다. 이는 인적 요소에 의해 결정되는 임금, 즉 속인급으로서의 성격을 보여주는 것이다.

연공급의 정당화 논리
① 숙련상승설
② 생계비 보장설

연공급이 정당화되는 논리에는 크게 두 가지가 있다[14]. 하나는 연공에 따른 숙련상승설이다. 서양에서는 오래 전부터 미숙련공, 반숙련공, 숙련공의 구분이 어린 시절의 교육시스템과 직업 등의 여러 측면에서 차이가 나는 일종의 사회적 신분으로 여겨져 왔기에 숙련도를 근속기간에 따라 측정할 필요가 없었다. 그러나 신분제도의 폐지 이후 뒤늦게 산업화 대열에 합류한 동아시아(특히 일본과 한국 등) 국가들에서는 업무관련 지식과 기술이 조직생활을 통해 체화되는 것으로 봄에 따라 근속연수가 곧 숙련도를 입증하는 중요한 기준이 되었기에 연공에 따른 급여책정이 당연하게 받아들여지게 되었다. 다른 하나의 논리는 생계비 보장설이다. 노동자가 속한 가정의 생애주기에 따라 연령이 높아질수록 가계지출이 증가하므로 이에

[그림 8-6] 연공급에서 임금인상의 구성

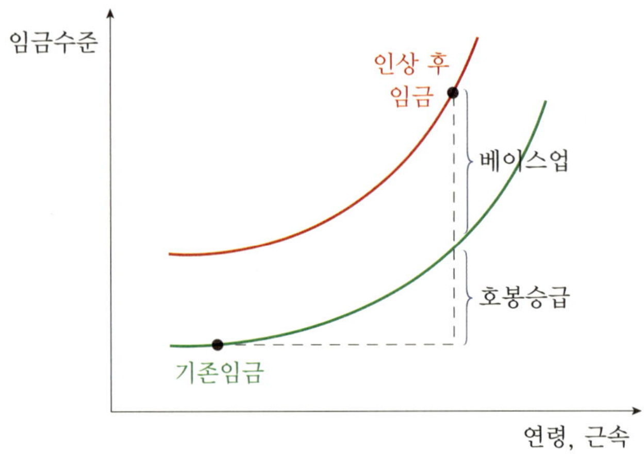

대한 임금지급이 불가피하다는 것이다. 이러한 두 논리에 따라 산업화 초기단계에서는 연공급이 상당한 설득력을 가졌으며 성과주의가 지배적인 오늘날까지도 연공급은 우리사회의 대표적 임금체계로 여겨지고 있다.

연공급은 일반적으로 주기적인 임금인상에 해당하는 호봉승급(號俸昇給)과 종업원들의 직무수행능력의 변화로 급여기준를 일괄적으로 인상시키는 베이스업(base-up)으로 구성된다[15]. 전자는 연공임금곡선의 구간을 기간별로 나누어 임금상승분을 책정하는 제도이며(예 : 2017년도 신입사원은 매년 1월 기준으로 월 지급액을 15만원 인상), 후자는 임금곡선 자체를 상향이동시키는 것이다(예 : 2017년도 신입사원의 임금곡선 출발점을 월 300만원에서 320만원으로 조정).

3) 능력과 역량의 비교 : 역량급

직무수행능력을 측정할 수 있다면 때로는 이를 기초로 임금을 책정할 수도 있을 것이다. 이러한 임금체계를 역량급(competency-based pay)이라 하며 이는 종업원이 현재 담당하고 있는 직무와는 상관없이 그들이 보유하고 있는 역량의 범위와 수준에 따라 임금이 결정되는 것이다. 여기서 역량이란 성공적인 직무수행을 위해 요구되는 지식, 기술, 동기, 행동 등을 포함한 개인적인 특성(characteristics)을 말한다[16]. 이 중에서 기술이나 지식의 측면에 특히 초점을 맞춘 임금체계를 기술급(skill-based pay)이라 부르기도 한다[17].

역량 =
지식 + 기술
+ 동기 + 행동 등

[그림 8-7] **역량급과 연공급의 혼합 사용**

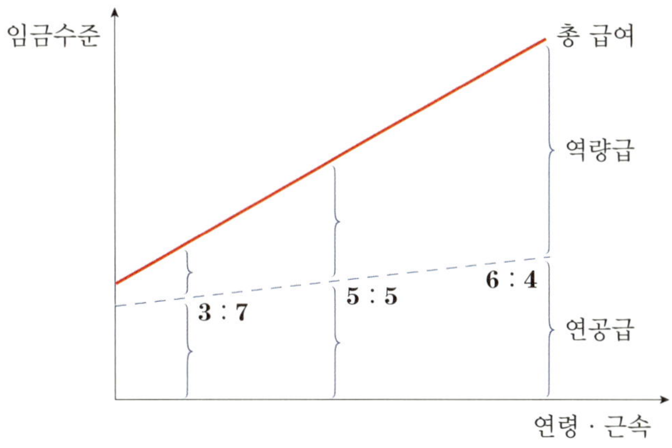

실제로 높은 수준의 관리직이나 전문직, 기술직의 경우 이들이 수행하는 업무활동을 정확하게 파악하고 그 결과를 확인하기가 비교적 어렵다. 또한 조직의 입장에서도 구성원의 직무가치를 일일이 판단, 평가하여 그에 맞게 임금을 책정하는 것이 쉽지 않다. 따라서 직무수행에 요구되는 기술과 역량을 가지고 있는 개별구성원의 특성에 기초를 둔 임금제도의 필요성이 제기됨에 따라 직무급과 연공급의 대안으로 개발, 도입된 것이 바로 역량급이다.

일반적으로 한국기업에서는 연공주의적 전통이 강하므로 역량에 따른 임금을 바로 도입하는 것에는 일정한 저항이 뒤따를 수 있다. 따라서 구성원의 조직근속기간에 따라 역량급과 연공급을 혼용하는 방법이 가능하다. 즉 나이가 들수록 능력을 반영하는 역량급의 비율을 연공급에 비해 늘림으로써 종업원의 자기개발 노력을 촉진하는 것이다[18].

4) 성과의 비교 : 성과급

성과급(pay for performance)은 개별 구성원이나 집단이 수행한 노동성과나 업적을 기준으로 임금을 산정하여 지급하는 임금이다. 일반적으로 성과급은 누구의 성과를 기준으로 책정되는지에 따라 개인성과급과 집단성과급으로 구분할 수 있다. 개인성과급은 각자가 달성한 업무량이나 업무달성시간 등을 측정하여 그 값과 임금을 연계하는 방식으로 지급하는 성과급이며, 집단성과급은 팀이나 부서, 또는 사업부문에서 달성한 업무량이나 달성시간 등을 측정하여 그 값과 임금을 연계하는 방식으로 지급하는 성과급이다.

[그림 8-8] **성과급 실시의 효과**

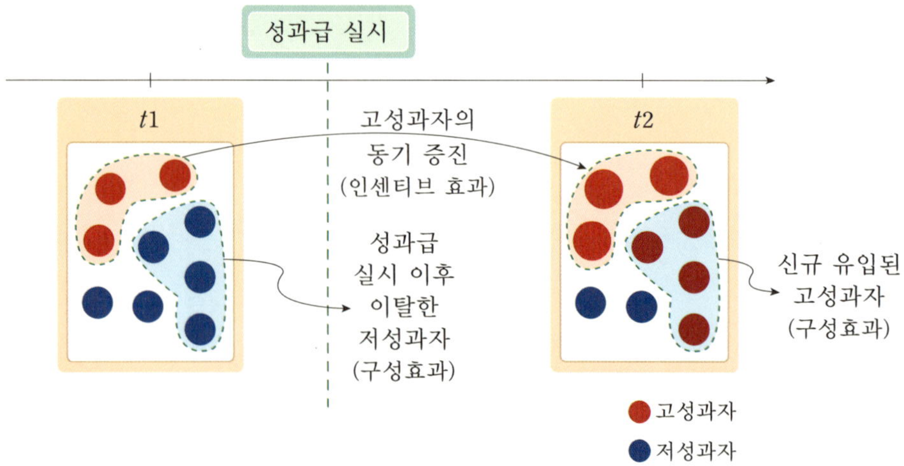

성과급은 그 개념상 구성원(개인 또는 집단)의 조직에 대한 공헌도가 구체적인 업적(performance)으로 드러날 때 이에 대하여 보상을 지급하는 것이므로 일반적으로 다음의 두 가지 효과를 가지게 된다[19]. 하나는 조직구성원들의 근로의욕을 자극하여 성과 증진에 이바지하는 것이다. 이를 성과급의 인센티브 효과(incentive effect)라 한다. 두 번째는 조직의 인적구성을 바꾸는 일이다. 이는 성과급 제도가 시행될 때 **내재적 동기**(intrinsic motivation) 수준이 높거나 근로의욕이 충만한 사람들이 조직의 일원으로 될 가능성이 그렇지 않을 때보다 더 높다는 것으로서, 이를 구성 효과(sorting effect)라 한다.

내재적 동기
외부의 자극(예: 금전적 보상이나 근무조건) 없이 애초부터 특정 업무에 대해 흥미와 관심을 가지는 상태

인센티브 효과와 구성효과를 종합해 보면 성과급은 분명히 조직성과에 도움이 될 것이다. 기존 구성원의 동기수준을 향상시키는 동시에 더욱 유능한 사람들이 조직에 합류하게끔 독려하는 기능을 성과급이 수행할 수 있기 때문이다. 실제로 상당수의 조직관리자들과 대화를 나누어 보면 성과급 자체에 대하여 부정적인 시각을 가진 사람들은 거의 없다고 해도 과언이 아니다. 그럼에도 불구하고 성과급을 도입하려는 많은 조직들에서는 일선 관리자뿐만 아니라 현장 근로자들의 상당수가 성과급 도입취지에 강한 의문을 갖고 있으며 때로는 제도 실시에 대한 저항을 하는 경우도 종종 있다. 이와 같은 현상의 원인은 평가시스템의 미흡함과 관련이 있다. 왜냐하면 성과급 책정을 위해서는 개인과 집단의 공헌도를 공정하게 판단하는 과정이 필요한데, 우리가 제7장에서 살펴본 것과 같이 현재의 평가시스템은 그 기준이 애매하고 자의적인 경우가 많으며, 평가점수가 책정되는 근거 또한 부족하다. 따라서 평가체계의 개선 없는 성과급의 도입이란 곧 믿을

성과급에 대한 저항이 연공주의 때문이라 보는 견해도 있다. 이 역시 어느 정도는 타당하지만, 보다 근본적인 원인은 임금지급 근거가 되는 평가시스템의 엉성함에 있다고 보는 것이 옳다.

[표 8-2] 메리트 제도에서의 기본급 인상율(예시)[20]

성과평가	매우 우수	우수	보통	저조	매우 저조
고과점수	5	4	3	2	1
기본급 인상율	6%	5%	4%	3%	0%

수 없는 성과평가에 의하여 임금이 책정되는 시스템을 뜻하게 되기에 많은 조직구성원들로부터 흔쾌히 지지를 받지 못하고 있는 것이다.

국내외 여러 기업과 정부조직들에서 사용되고 있는 성과급의 유형을 정리하면 다음과 같다[21]. 메리트 제도와 보너스는 개인성과급에 해당되며, 이익분배제와 성과배분제는 집단성과급에 해당한다.

- 메리트 제도(merit pay) : 이는 조직의 성과향상에 대한 개인의 기여도를 매년말의 인사고과에 근거하여 측정하고 보상하는 제도를 지칭한다. 구체적으로는 기본급이 개인의 성과수준에 따라 매년 일정 비율만큼 상향 조정되는 임금시스템이며, 평가시스템의 신뢰성과 타당성이 담보될 때 효과가 있다.

메리트 제도는 한국에서 흔히 "연봉제"라는 명칭으로 잘 알려져 있다.

- 보너스(Bonus) : 이는 개인의 고과성적이나 조직의 성과에 따라 기본급 외에 추가적으로 주어지는 성과급이다. 앞서 살펴본 메리트 제도의 경우 기본적으로 임금액이 매년 일정 비율만큼 상승하게 되는 누적식 제도인 반면[22], 보너스는 비누적 방식, 즉 개인의 고과점수가 좋지 않거나 조직의 성과가 기대에 미치지 못하는 경우 지급되지 않을 수 있으므로 많은 조직에서 선호하고 있다. 가끔 프로젝트의 목표가 달성되었거나 기념할 만한 사건이 생길 때 비정규적 형태의 보너스가 제공되는 경우도 있다.

어떤 기업에서는 보너스를 현물의 형태로 제공하기도 한다.

- 이익분배제(profit sharing) : 이는 1891년 영국에서 처음 실시된 것으로서 사전에 설정된 수준을 초과하는 이익이 발생하였을 때 이를 구성원에게 배분하는 성과급의 한 유형이다. 이익분배제는 구성원과 조직간의 운명공동체 의식을 고취시키는 것뿐만 아니라 이직률의 감소와 성과향상, 노력의 촉진 등에 그 목적이 있다. 이익분배제를 실시하는 대표적 기업인 삼성전자에서는 사업부별 경제적 부가가치(EVA, economic value added = 당기순이익 − 자기자본비용[23])의 20%를 이익분배의 재원으로 하여 구성원에게 배분하고 있다. 만약 특정연도에 흑자를 기록했더라도 5가 적자인 경우가 발생할 수 있는데, 이때는 해당 사업부의 전년대비 이익 개선금액의 10%를 재원으로 하여 지급한다. 그리고 이익

스캔론
(Scanlon, J.)

분배의 상한선은 구성원 1인당 계약연봉의 50%이다[24).

- 성과배분제(gain sharing) : 이는 생산성 증대로 인한 효과(생산량 증가, 소모품 절감, 인건비 절약 등)을 조직와 구성원이 나누어 갖는 제도이다. 여기서는 (극단적인 경우) 조직이 적자를 내더라도 생산성만 증가하면 그로 인한 생산비용감소분에 대하여 성과급을 지급한다. 대표적 예로는 스캔론 플랜과 럭커 플랜이 있다. 스캔론 플랜(Scanlon plan)은 구성원이 제안제도를 통해 좋은 아이디어를 내고 그 결과 기존의 매출액(생산판매가치, SVOP)과 인건비의 비율과 비교하였을 때 해당연도의 매출액 대비 인건비의 크기가 감소하였을 때 이를 집단성과급으로 지급하는 방법이다. 동일 매출액에서 인건비가 줄었다는 것을 구성원들이 열심히 노력했다는 의미로 해석하기 때문이다. 럭커 플랜(Rucker plan)은 노사협력의 결과 부가가치(VA, value added)에 대비한 인건비의 감소분이 발생시 이를 집단성과급으로 지급하는 방법이다. 스캔론 플랜과 럭커 플랜 모두 계산이 간단하지는 않으며, 그 산식은 이 책의 범위를 넘는 것이라 판단하여 생략한다.

1) 과거에는 구성원과 조직체 간의 관계를 설명할 때 흔히 노사관계(industrial relations)라는 용어를 사용하였으나 이 용어는 주로 노조와 사용자간의 관계를 의미하므로, 오늘날 인사조직론에서는 개별구성원과 조직간에 형성되는 다차원적인 측면을 포괄적으로 설명하기 위해 고용관계(employeement relations)라는 용어를 사용하는 빈도가 점차 늘어나고 있는 추세이다. 정부에서 노동부를 고용노동부로 개칭한 것도 이러한 맥락의 연장선상에 있다 할 것이다.

2) Barnard, C. I. (1938). *The Functions of the Executive*. Cambridge, MA : Harvard University Press.

3) Homans, G. (1961). *Social behavior : Its elementary forms*. New York, NY : Harcourt Brace Jovanovich. p.13.

4) Cropanzano, R., & Mitchell, M. S. (2005). Social exchange theory : An interdisciplinary review. *Journal of Management*, 31(6), pp.874~900.

5) Rousseau, D. M. (1995). *Psychological contracts in organizations : Understanding written and unwritten agreements*. Thousand Oaks, CA : Sage.

6) 배종석(2012), 『인적자원론』(제2판), 서울 : 홍문사

7) Schein, E. H. (1975). How career anchors hold executive to their career path. *Personnel*, May-June, pp.11~24.

8) Delong, T. J. (1982). Reexamining the career anchor model. *Personnel*, May-June, pp.50~61.

9) 박경규(2013), 『신인사관리』(제5판), 서울 : 홍문사, p.363.

10) 박경규, 전게서

11) 이 제도 하에서는 개인의 직무수행능력이 상승할 때에는 자격등급 자체가 상향되므로 이를 직급의 상승과 비교하여 승격이라 한다. 승격은 임금 상승을 동반하는 경우가 대부분이다.

12) 로크(Locke)의 연구에 의하면 합리적 목표의 설정(goal setting)이 18%의 생산성 증가를, 직무수행 권한의 확대(job enrichment)가 17%, 의사결정에의 참가(participation)가 0.5%의 생산성 증가효과를 가지는 반면, 임금은 30%의 생산성 증가효과를 가져다 준다고 한다.

13) 김영재 · 김성국 · 김강식(2015), 『신인적자원관리』(제3판), 서울 : 탑북스

14) 박경규, 전게서

15) 한인수(2014), 『현대인적자원관리』(제3판), 서울 : 명경사

16) 핵심역량(core-competency)의 구성요소는 다음과 같다.

1. 기술 : 특정한 물리적 또는 정신적 과업에 대한 숙련도나 능력
2. 지식 : 특정분야에 관해 개인이 가지고 있는 축적된 정보
3. 자아개념 : 개인의 행동에 영향을 미치는 개인의 태도, 가치관, 자아이미지(self-image)
4. 특질 : 특정 상황이나 정보에 대해 일정한 방식으로 행동하고자 하는 기질로서, 성격이나 능력
5. 동기 : 특정 행동을 유발시키고 방향 짓도록 하는 추진력(원인)

17) 박경규, 전게서; 김영재 등, 전게서

18) 한인수, 전게서

19) Gerhart, B., & Rynes, S. L. (2003). *Compensation : Theory, evidence, and strategic implications*. Thousand Oaks, CA : Sage Pubilications.

20) 김성수(2003), "성과급 제도의 동향과 전망", 「경영논집」, 37(1), pp.29~44.

21) Milkovich, G. T., & Newman, J. M. (1999). *Compensation*. Boston, MA : Irwin.

22) 물론 비누적식으로 운영되는 메리트 제도도 있다. 여기서는 메리트 제도의 기본적 성격이 누적형 스타일임을 이야기하는 것이다.

23) 자기자본비용은 자기자본, 즉 출자금액을 투자자가 우리 회사 말고 다른 대안에 대신 투자하였을 경우 얻을 수 있는 이자수익을 의미한다. 즉 투자자가 출자대가로 회사측에 요구할 수 있는 최저의 수익률이라 보면 된다.

24) 김성수, 전게논문

REFERENCE

김남현 · 김정원 · 류태모 · 송경수 · 정현우(2015), 『경영학원론』, 서울 : 경문사

김성수(2003), "성과급 제도의 동향과 전망", 「경영논집」, 37(1), pp.29~44.

김성수(2006), 『전략적 인적자원관리』, 서울 : 서울대학교출판부

김영재 · 김성국 · 김강식(2015), 『신인적자원관리』(제3판), 서울 : 탑북스

김중걸(2014.10.03), "과업 중요성 · 자율성, 공직동기에 영향 더 끼쳐", 「경남도민일보」

김화진(2013), 『상법강의』, 서울 : 박영사

문권모(2008), "컬럼비아호 폭발과 집단사고", 「동아비즈니스리뷰」 제12호

박경규(2014), 『조직행동』, 서울 : 홍문사

박경규(2016), 『신인사관리』(제6판), 서울 : 홍문사

배종석(2012), 『인적자원론』(제2판), 서울 : 홍문사

백기복(2014), 『조직행동연구』(제6판), 서울 : 창민사

성지영 · 박원우 · 윤석화(2008), "개인-환경(조직, 상사, 동료) 적합성이 조직시민행동 및 개인성과에 미치는 영향과 공정성의 매개효과 검증", 「인사 · 조직연구」, 16(2), pp.1~62.

심덕섭 · 하상욱(2013), "직무특성이 종업원의 혁신행동에 미치는 영향 : 자기효능감의 매개효과", 「산업혁신연구」, 29(3), pp.95~124.

오호영(2012,03), "청년층 취업난과 미스매치", 「The HRD Review」

유민봉 · 임도빈(2016), 『인사행정론 : 정부경쟁력의 관점에서』(제4판), 서울 : 박영사

유종해(2000), 『현대조직관리』(제5전정판), 서울 : 박영사

유필화 · 황규대 · 강금식 · 정홍주 · 장시영(2014), 『글로벌 시대의 경영학』(제3판), 서울 : 박영사

윤재풍(2014), 『조직론』, 서울 : 대영문화사

이성택(2016.05.13), "4월 청년 실업률 10.2% 역대 최고… 날씨 탓하는 정부", 「한국일보」

이용수 · 박래건(2016.07.01), "똑같이 뉴욕 가는데… 일반인 111만원, 공무원 421만원", 「조선일보」

이진규(2001), 『전략적 · 윤리적 인사관리』, 서울 : 박영사

이창순(2009), 『조직』(제2개정판), 서울 : 박영사

이창원 · 최창현 · 최천근(2012), 『새조직론』(전정3판), 서울 : 대영문화사

임창희(2010), 『조직론』, 서울 : 학현사

임창희(2007), "직장여성의 외모가 승진에 미치는 영향 : 자아존중감과 대인관계수준의 매개역할을 중심으로", 『경영학연구』, 36(3), pp.597~621.

임창희(2013), 『조직행동』(제5판), 서울 : 비앤엠북스

임창희(2014), 『인적자원관리』(제3판), 서울 : 비앤엠북스

임창희(2015), 『조직론 이해』(제2판), 파주 : 학현사

조순 · 정운찬 · 전성인 · 김영식(2013), 『경제학원론』(제10판), 서울 : 율곡출판사

최보인 · 장철희 · 권석균(2012), "개인-조직 적합성과 개인-직무 적합성의 효과성 연구", 「조직과 인사관리연구」, 35(1), pp.199~232.

최종태(2000), 『현대인사관리론』(전정판), 서울 : 박영사

한인수(2014), 『현대인적자원관리』(제3판), 서울 : 명경사

한주희 · 고수일(2009), "고성과 작업시스템과 직무동기가 직무성과에 미치는 영향 : 보험설계사를 대상으로", 「인력개발연구」, 11(3), pp.73~96.

Allen, N. J., & Meyer, J. P. (1990). The measurement and antecedents of affective, continuance and normative commitment to the organization. *Journal of Occupational Psychology*, 63(1), pp.1~18.

Barnard, C. I. (1938). *The Functions of the Executive*. Cambridge, MA : Harvard University Press.

Barrick, M. R., Mount, M. K. (1991). The Big Five personality dimensions and job performance : A meta-analysis. *Personnel Psychology*, 44, pp.1~26.

Bass, B. M. (1985). *Leadership and performance beyond expectations*. New York : The Free Press.

Blake, R., & Mouton, J. (1964). *The Managerial Grid : The Key to Leadership Excellence*. Houston : Gulf Publishing Co.

Boss, R. W. (1978). Trust and managerial problem solving revisited, *Group and Organizational Studies*, 3, pp.331~342.

Burns, T., & Stalker, G. (1961). *The management of innovation*. London : Tavistock Publication.

Cable, D. M. & DeRue, D. S.(2002), The convergent and discriminant validity of subjective fit perceptions, *Journal of Applied Psychology*, 87(5), pp.875~884.

Chao, G. T., O'Leary-Kelly, A. M., Wolf, S., Klein, H. J., & Gardner, P. H. (1994). Organizational socialization : Its content and consequences. *Journal of Applied Psychology*, 79, pp.730~743.

Colquitt, J. A., Scott, B. A., & LePine, J. A. (2007). Trust, trustworthiness, and trust propensity : A meta-analytic test of their unique relationships with risk taking and job performance. *Journal of Applied Psychology*, 92, pp.909~927.

Conger, J. A., & Kanungo, R. N. (1998). *Charismatic leadership in organizations*. Thousand Oaks : Sage.

Cook, J. & Wall, T. (1980). New work attitude measures of trust, organizational commitment and personal need non-fulfillment, *Journal of Occupational Psychology*, 53, pp.39~52.

Cropanzano, R., & Mitchell, M. S. (2005). Social exchange theory : An interdisciplinary review. *Journal of Management*, 31(6), pp.874~900.

Daft, L. R. (2010). *Organization theory and design* (10th ed.). Mason, OH : South-Western Cengage Learning.

Dreher, G. F., & Dougherty, T. W. (2001). *Human resource strategy : A behavioral perspective for the general manager*. New York, NY : McGraw-Hill.

Delong, T. J. (1982). Reexamining the career anchor model. *Personnel*, May-June, pp.50~61.

Duncan, R. (1972). Characteristics of organizational environment and perceived environment uncertainty. *Administrative Science Quarterly*, 17, pp.313~327.

Fried, Y., & Ferris, G. R. (1987). The variety of the job characteristics model : A review and meta-analysis, *Personnel Psychology*, 40, pp.287~322.

Gagne, M., & Deci, E. L. (2005). Self-determination theory and work motivation, *Journal of Organizational Behavior*, 26, pp.331~362.

Galbraith, J. (1973). *Designing complex organization*. Reading. MA : Addison-Wesley.

Gerhart, B., & Rynes, S. L. (2003). *Compensation : Theory, evidence, and strategic implications*. Thousand Oaks, CA : Sage Pubilications.

Hackman, J. R., & Oldham, G. R. (1976). Motivation through the designt of work : Test of a theory, *Organizational Behavior and Human Performance*, 16(2), pp.250~279.

Hackman, J. R., & Oldham, G. R. (1980). Work redesign. Reading, MA : Addison-Wesley.

Hersey, P., & Blanchard, K. H. (1977). *Management of organizational behavior* (3rd ed.). Englewood Cliffs, NJ : Prentice-Hall.

Herzberg, F., Mausner, B., & Snyderman, B. B. (1959). *The motivation to work*. John Wiley & Sons.

Homans, G. (1961). *Social behavior : Its elementary forms*. New York, NY : Harcourt Brace Jovanovich.

Jex, S. M., & Britt, T. W. (2008). *Organizational psychology : A scientist-practitioner approach*. New York, NY : Wiley.

Katz, D. (1955). Skills of an effective administrator. *Harvard Business Review*, Jan-Feb, pp.34~42.

Locke, E. A. (1968). Toward a theory of task motivation and incentives, *Organizational Behavior and Human Performance*, 3(2), pp.157~189.

Maslow, A. H. (1970). *Motivation and personality*. New York, NY : Harper & Row.

Mathis, R. L., & Jackson, J. H. (2011), *Human Resource Management*(13th edi.). Cengage Learning.

Milkovich, G.T., & Newman, J.M. (1999). *Compensation*. Boston, MA : Irwin.

Noe, R. A., Hollenbeck, J. R., Gerhart, B., & Wright, P. M. (2012). *Human resource management : Gaining a competitive advantage*. (8th ed.). New York, NY : McGraw–Hill/Irwin.

Pfeffer, J., & Salancik, G. R. (1978). *The external control of organizations*. NY : Harper and Row.

Pinder, C. C. (2008). *Work motivation in organizational behavior*. Psychological Press.

Robbins, S. P., & Judge, T. A. (2015). *Organizational behavior* (16th ed.). Upper Saddle River, NJ : Prentice Hall.

Roethlisberger, F.J., & Dickson, W.J. (1939). *Management and the worker : An account of a research program conducted by the Western electric company, Hawthorne works, Chicago*. Cambridge, MA : Harvard University Press.

Rousseau, D. M. (1995). *Psychological contracts in organizations : Understanding written and unwritten agreements*. Thousand Oaks, CA : Sage.

Schein, E. H. (1975). How career anchors hold executive to their career path. *Personnel*, May-June, pp.11~24.

Schmidt, F. L., & Hunter, J. E. (1998). The validity and utility of selection methods in personnel psychology : Practical and theoretical implications of 85 years of research findings, *Psychological Bulletin*, 124(2), pp.262~274.

Schneider, B. (1987). The people make the place. *Personnel Psychology*, 40, pp.437~453.

Schneider, B., Goldstein, H. W., & Smith, D. B. (1995). The ASA framework : An update. *Personnel Psychology*, 48, pp.747~773.

Scott, W. R. (1995). *Institutions and organizations*. Thousand Oaks, CA : Sage.

Scott, W. R. (2003). *Organizations : Rational, natural, and open systems*. New Jersey : Prentice-Hall.

Shaw, J. D., Delery, J. E., Jenkins, D. G., & Gupta, N. (1998). An organizational-level analysis of voluntary and involuntary turnover, *Academy of Management Journal*, 41, pp.511~525.

Taylor, F. W. (1911). *The principles of scientific management*, New York, NY : Harper & Brothers.

Thopmson, J. D. (1967). *Organizations in action*, NY : McGraw-Hill

Tyler, T. R., & Kramer, R. M. (1996). Whither trust? In Kramer, R. M. & Tyler, R. (eds.), *Trust in organization : Frontiers of theory and research*, Sage Pub., pp.1~15.

Watkins, L. M., & Johnston, L. (2000). Screening job applicants : The impact of physical attractiveness and application quality. *International Journal of Selection and Assessment*, 8(2), pp.76~84.

Wechsler, D. (1958). *The measurement and appraisal of adult intelligence*. Boltimore, MD : Williams and Wilkins.

Williamson, O. E. (1975). *Markets and Hierarchies : Analysis and antitrust implications*. NY : Free Press

Woodward, J. (1965). *Industrial organization : Theory and practice*. London : Oxford University Press.

Yukl, G. A. (2010). *Leadership in organization*. (7th ed.). Upper Saddle River, NJ : Pearson/Prentice Hall.

Zaniboni, S., Truxillo, D. M., & Fraccaroli, F. (2013). Differential effects of task variety and skill variety on burnout and turnover intentions for older and younger workers, *European Journal of Work and Organizational Psychology*, 22(3), pp.306~317.

INDEX

인명 색인

사항 색인

ㅈ

ㅊ